अत्यधिक प्रशंसित

"मैंने यह पूरी किताब पढ़ी है और मुझे खासकर 'मन का हल्कापन' अध्याय और उसकी यह पंक्ति – सबसे बड़ा भ्रम यह है कि ... यह अहम् ही 'सब कुछ करने वाला है' बहुत पसंद आया।"

— ए. पी. जे. अब्दुल कलाम,
पूर्व राष्ट्रपति, भारत गणराज्य

'भ्रम से जागो, सोने वालों!' का आग्रह धर्म-निरपेक्ष एवं सार्व-भौम है। सुखद रूप से इसमें (मुझ जैसे के लिए गूढ़) 'उपनिषदों, ब्राह्मण ग्रंथों' तथा अन्य वैदिक हिन्दू ग्रंथों से मुक्त है। साथ ही यह हमारी प्राचीन शिक्षाओं में मिलने वाले सभी उदात्त विचारों का प्रवाहमान विसरण भी है।

— ए. एस. पद्मनाभन, आई ए एस,
पूर्व मुख्य सचिव, तमिलनाडु सरकार

"यह किताब मुझे अत्यंत प्रेरणाप्रद लगी... खासकर, 'भविष्य की चिंता छोड़कर वर्तमान का आनंद उठाने' की सलाह बहुत अच्छी लगी... अहम् के टकराव का भी बड़ा सुस्पष्ट वर्णन है; आज के इस अत्यंत स्पर्धात्मक युग में हम गुरुओं और कोचों को इन्ही टकरावों से बचने के लिए निरंतर प्रयास करते रहने की आवश्यकता है।"

— एम् कृष्णकुमार,
मैनेजमेंट कंसलटेंट और टेनिस कोच,
किनेसिस, बेंगालूरू

"यह पुस्तक जाग्रत मानस का रहस्य सामने लाती है और ऐसा संदर्भ प्रदान करती है जिसमें प्रबोधन की शिक्षाओं का प्रयोग मनुष्य के दैनिक जीवन के अनुभवों में किया जा सके।"

— पैट लिंड-केली,
व्हेन स्लीपिंग ब्यूटी वेक्स अप की लेखिका

'भ्रम से जागो, सोने वालों!' का कथ्य उपनिषदों, जेन बौद्ध तथा ताओ ग्रंथों एवं रमन महर्षि व जे. कृष्णमूर्ति की शिक्षाओं के सदृश है।

21वीं सदी की चुनौतियों का सामना करने के लिए मनुष्य को अन्तः- प्रबोधन की आवश्यकता है, जिसकी बारे में डॉ. मेनन ने अपनी इस किताब में लिखा है। इस पुस्तक को पढ़ना एक अत्यंत सुखद शुरुआत होगी जिसके बाद मीमांसा, परिचर्चा तथा वैयक्तिक अन्वेषण/सत्यापन की प्रक्रियाएं होंगी।

– सुधीर कृष्णा,
पूर्व छात्र, आई आई टी मद्रास, 1976

इस अमूल्य छोटी सी पुस्तक में उन्होंने हमारे जीवन जीने के तरीके पर सवाल उठाये हैं। इन प्रश्नों को उठाने के बाद, यह किताब हमें बना-बनाया आदेशक उत्तर नहीं देती, जैसा स्वावलंबन के ऊपर लिखी गयी कई किताबों में होता है। और मेरे हिसाब से यह इस किताब की विशिष्टता है... मैं उन सभी को यह किताब जरूर पढ़ने की सलाह देता हूँ, जो जीवन में बेचैनी महसूस करते हैं और जिन्हें सच में मानसिक शांति, सुकून, एवं संतुष्टि की तलाश है।

– डॉ. आर गोपीनाथ, बेंगलूरू,
http://bookwormsrecos.blogspot.com

"यह पुस्तक अधिकतर मानव मष्तिष्क के भीतर सुषुप्त विवेकशील बुद्धि को जगाने का प्रयास करती है और इस प्रकार यह शिक्षा के एक महत्वपूर्ण लक्ष्य को पूरा करती है। मेरे विचार से, इस पुस्तक को कॉलेज स्तर पर पढाये जाने वाले किसी भी पाठ्यक्रम की पहले पुस्तक के रूप में प्रयोग किया जाना चाहिए। मैंने अपने द्वारा पढ़ाये जाने वाले कुछ पाठ्यक्रमों में इसका प्रयोग किया है और पाया है कि इससे मेरे छात्रों को तन्द्रा से उबरने में तथा उनके प्रारब्ध एवं गन्तव को पहचानने में बहुत मदद मिली है।"

– प्रो. श्रीश चौधरी,
मानविकी एवं समाज विज्ञान विभाग,
आई आई टी मद्रास, चेन्नई

"मैंने इससे अधिक सत्यपूर्ण एवं स्फूर्तिदायक कुछ भी नहीं पढ़ा है। मुझे लगता है जब सच चोट करता है तो गहरे करता है।"

– आर. रविशंकर, यूनिवर्सिटी ऑफ़ इलिनॉय,
अर्बाना-शैम्पेन, अमेरिका

"यह पुस्तक एक अद्भुत रचना है, खासकर इस संदर्भ में कि इसमें गूढ़ आध्यात्मिक आयाम को अत्यंत सरलता एवं स्पष्टता के साथ प्रस्तुत किया गया है। मुझे इसे पढ़कर बहुत आनंद आया।"

– सुबीर चक्रवर्ती, प्रमुख (मार्केटिंग),
एसएफ डिवीज़न, एक्साइड इंडस्ट्रीज लिमिटेड, कोलकाता

"इस पुस्तक ने मुझे यह अहसास कराया कि मैं अपने अहम् में कितने गहरे जकड़ा था। अकादमिक जगत के बारे में चर्चा के कारण यह मुझे और भी प्रासंगिक लगी। आखिरी दो अध्याय बहुत ही उत्कृष्ट लगे।"

– प्रो. भरत सेतुरमन,
कैलिफ़ोर्निया स्टेट यूनिवर्सिटी, नार्थरिज़, अमेरिका

"यह एक अद्भुत विचारोत्तेजक पुस्तक है जो मस्तिष्क को तनाव से मुक्ति दिलाती है। अध्यापन-रत लोगों को इसे अनिवार्य रूप से पढ़ना चाहिए।"

– प्रो. बी. एस. मूर्ति (सिविल इंजीनियरिंग),
आई आई टी – मद्रास, चेन्नई

"यदा-कदा कुछ किताबें ऐसी मिल जाती हैं जो आपको रुककर उसे पढ़ने को मजबूर करती हैं। यह ऐसी ही एक किताब है। इसके अनुदेश सत्य लगते हैं, परन्तु उसमें दिए गए तर्कों के कारण नहीं वरन् इसलिए क्योंकि आप उसके बारे में अंदर से महसूस करते हैं कि वह सत्य है। यह किताब संक्षेप में लिखी गयी और गहरी चोट करने वाली है।"

– सिद्धार्थ सवादत्ति, डिजाइन इंजिनियर,
लार्सेन एंड टूब्रो, चेन्नई

"यह पुस्तक सहज एवं स्पष्ट परन्तु तीक्ष्ण तरीके से बताती है कि किस तरह से उन एकलमार्गी सपनों के बीच में झूलने से बचा जाय और उस एक सपने को हासिल किया जाय जो अनंत संतुष्टि व राहत प्रदान कर सके।"

– प्रो. रेखा राव,
के. जे. सोमैया इंस्टिट्यूट ऑफ़
मैनेजमेंट स्टडीज एंड रिसर्च, मुंबई

"हम जैसे अनेक लोग, जिन्होंने अपने कई साल बुद्धिमान युवकों को पढ़ाने और उन्हें परामर्श देने में लगाए, उनके लिए यह पुस्तक एक वरदान है। सीधी-सरल भाषा में यह पुस्तक अन्तः-प्रबोधन प्राप्त करने का मार्ग दिखाती है जिसके द्वारा शान्ति मिल सके और हम एक-दूसरे और पूरी दुनिया के साथ जुड़ सकें। इसका सबसे बहुमूल्य पाठ यह है कि व्यावहारिक आध्यात्मिकता, सफल आजीविका की खोज समेत प्रत्येक व्यक्ति की दैनिक गतिविधियों में भी संभव है।"

– फादर लैंसी परेरा एस. जे.,
पूर्व प्रधानाध्यापक, सेंट जेविअर'स कॉलेज,
पूर्व-निदेशक, केईश रिसर्च लैब

"मैंने ये किताब अपने जीवन के अत्यंत ही महत्वपूर्ण समय में पढ़ी। इसने मुझे रूककर सोचने को मजबूर किया। अपने जीवन के अनेक प्रश्नों का उत्तर पाने के लिए मैं बार-बार इस किताब को पढता रहता हूँ।"

– आर. पांडिया राज, एम्. एस. रिसर्च स्कॉलर,
आई आई टी – मद्रास, चेन्नई

"प्रायः जीवन का आत्मबोधन एक सामान्य व्यक्ति की पहुँच से परे समझा जाता है, लेकिन यह पुस्तक दर्शन एवं व्यवहारिकता का एक ऐसा सामंजस्य प्रस्तुत करती है कि इसे पढ़कर एक सामान्य व्यक्ति भी प्रभावी रूप से अपने जीवन का सार पाकर अपनी जीवन-शैली बदलने का सार्थक प्रयास कर सकता है।

इस पुस्तक में मुख्य लेखक एवं अनुवादक ने बड़े सहज ढंग से जीवन की सार्थकता के मूल प्रश्नों को उठाया व समझाया है। छोटे-छोटे अध्यायों में यह पुस्तक न सिर्फ कई बार पढ़े जाने की उत्सुकता पैदा करती है बल्कि युवा व बुजुर्गों को भेंट करने के लिए एक बहुमूल्य तोहफा भी हो सकती है। मुझे उम्मीद है लेखक डॉ. देवदास मेनन द्वारा अंग्रेजी में लिखी पुस्तक, 'स्टॉप स्लीपवाकिंग थ्रू लाइफ' का यह हिंदी अनुवाद इस भाषा के पाठकों के लिए काफी उपयोगी होगा।

जब अच्छे व मार्गदर्शक साहित्य कमतर होते जा रहे हैं, यह पुस्तक जागृत पाठकों के लिए एक उम्मीद जगाती है।"

– प्रो. प्रमोद एस. मेहता
मैकेनिकल इंजीनियरिंग विभाग
आई आई टी – मद्रास, चेन्नई

"यह पुस्तक मुझे अत्यंत दिलचस्प लगी। कम से कम इसे पढ़ने के दौरान, मैं छद्म 'अहम्' को पहचान सका और इसके बाद सुसुप्त 'विशुद्ध-स्व' को जाग्रत कर, सुखद आशीष के कुछ क्षणों का आनंद उठा सका।"

– प्रवीन मूकोनी, सॉफ्टवेर कंसलटेंट,
फिडेलिटी इन्वेस्टमेंट, बोस्टन, अमेरिका

"मैंने इस अद्भुत पुस्तक का खूब आनंद उठाया। डॉ. मेनन ने जिस प्रकार से वर्तमान समय के उपभोक्तावाद के भंवर में फंसे मस्तिष्क का रहस्योद्घाटन किया है, वह सुस्पष्ट और ज्ञानवर्धक है। यह एक बहुमूल्य पुस्तक है और मैं तहे दिल से सभी के लिए प्रबोधन एवं पुनः-क्रियाशीलता प्राप्त करने के लिए, इसकी अनुशंसा करता हूँ।"

– पी. वाई. मंजूरे, निदेशक,
द फ्रेज़िनेट प्रेस्टर्ड कंक्रीट कंपनी लिमिटेड, मुंबई

"आज भारत में छः करोड़ से अधिक युवा वर्ग है, जिसमें अधिकाँश के बड़े-बड़े सपने हैं – अच्छी नौकरी, अच्छी शादी और समृद्ध परिवार के। युवा प्रायः शिकायत करते हैं कि उन्हें दायित्व में भागीदारी नहीं दी जाती है। इधर प्रौढ़ उन्हें दिशाहीन बताते हैं।

मानव जन्म लेता है। जीवन से जूझते हुए, दुखी होकर एक दिन मर जाता है। कोई उसे जानता तक नहीं है। इस पुस्तक में इन्ही समस्यायों का हल ढूँढने का महत प्रयास किया गया है। युवाओं को भटकने से बचने का मार्ग और प्रौढ़ लोगों को उनकी सहायता करने की दिशा बताई गयी है। आशा है पाठकगण इसका पूरा-पूरा लाभ उठा सकेंगे।"

– महेन्द्र प्रकाश सिंघल,
(पूर्व) उपाध्यक्ष, द थियोसोफिकल सोसाइटी

"अनुवादक के सौजन्य से पढ़ने को मिली इस पुस्तक ने मुझे अत्यंत रोमांचित किया। एक अकादमिक व्यक्ति होने के नाते अकादमिक मुद्दों पर चर्चा बेहद प्रासंगिक लगी, मैं उस चर्चा में स्वयं को भी देख सका। अध्यात्मिक पुस्तक होने के बावजूद कथ्य की सरलता ने मुझे प्रभावित किया।"

– डॉ. शशिकांत मिश्र, एसोसिएट प्रोफेसर,
(पूर्व) गणित विभाग, विज्ञान संकाय
काशी हिन्दू विश्वविद्यालय, वाराणसी

"इस पुस्तक का सभी भारतीय भाषाओं में अनुवाद होना चाहिए ताकि इसे बारहवीं तथा महा-विद्यालयों के छात्र-छात्राओं को शब्दशः, मानव-मूल्य-नैतिकता पाठ्यक्रम के अंतर्गत पढ़ाया जा-सके। यह पूरा पाठ्यक्रम है, भारतीय सांस्कृतिक परिवेश में ढला-हुआ।

आधुनिक युग की अंधी दौड़ — अंक-प्राप्ति, धन-प्राप्ति, वैभव-प्राप्ति — ने मानव को नैतिक मूल्यों से, जीवन दर्शन से कोसों मील दूर कर दिया है। धन कमाओ, फिर स्वस्थ रहने के लिए उसे व्यय करो और एक दिन समाप्त हो जाओ जैसे कभी अस्तित्व था ही नहीं — यह आधुनिक जीवन का सार है, यह पुस्तक अंतर्मन को जगाने का सफल और सशक्त प्रयास है।

पूरी पुस्तक पढ़ने के बाद यह कहा जा सकता है कि युवा मन को अगर ये लेख बाँध नही पाएंगे तो आप और कुछ कर नहीं सकते। इस पुस्तक को प्रौढ़ मन ज़्यादा गहराई से आत्मसात कर सकता है। मैं अत्यंत प्रभावित हूँ। विद्वान लेखक को ढेरों बधाई।"

— प्रो. राजनाथ भट्ट,
अध्यक्ष, भाषा विज्ञान विभाग,
काशी हिन्दू विश्वविद्यालय, वाराणसी

"पुस्तक पढ़कर आत्मतोष प्राप्त हुआ। इस दुरूह आध्यात्मिक कार्य हेतु लेखक साधुवाद और बधाई का पात्र है।"

— डॉ. लालचंद्राचार्य, डी. लिट्,
एमिरेट्स प्रोफेसर एवं पूर्व कुलपति

"सयन, स्वपन, संशय समझ, शिक्षक सोचा सार।
मधु पीवत, मधु-मत्त हो, किया दिव्य उपचार।।
भौतिकता, मौलिकता सहित, लौकिकता सब झूठ।
सार-तत्व संस्कार-वश, कोई-कोई पावत बूझ।।
औपनिषदिकोद्धरण, पौराणिक कथ्य-प्रमाण।"

— रामचन्द्र उपाध्याय,
पूर्व प्राध्यापक, सकलडीहा,
पी. जी. कॉलेज, वाराणसी

भ्रम से जागो, सोने वालों!

प्रबोधन बढ़ानेवाले 9 अध्याय

डॉ. देवदास मेनन

अनुवादक
रामाञ्जनेय कुमार उपाध्याय

YogiImpressions®

YogiImpressions®

STOP SLEEPWALKING THROUGH LIFE!
(in Hindi)
First published in India in 2004 by
Yogi Impressions Books Pvt. Ltd.
1711, Centre 1, World Trade Centre,
Cuffe Parade, Mumbai 400 005, India.
Website: www.yogiimpressions.com

Cover illustration: Prabhakar Wairkar
Cover concept and interior book design: Shiv Sharma

First Edition, August 2004
Fourth reprint, February 2014

First Hindi printing: November 2014
ISBN 978-93-82742-23-4

अनुक्रमणिका

प्रस्तावना

यह एक 'आध्यात्मिक' पुस्तक है जिसमें किसी भी ऐसे शब्दजाल अथवा तकनीकी शब्द का प्रयोग नहीं है, जो प्रायः इच्छुक पाठक को ऐसी किताबें पढ़ने से रोक देते हैं। यह बात इस पुस्तक को आध्यात्म पर लिखी अन्य पुस्तकों से भिन्न एवं विशिष्ट बनाती है। इसकी सबसे बड़ी खासियत है कि यह न तो 'प्रभावी परन्तु अबोध्य' है और ना ही इसमें पांडित्य का प्रदर्शन है। इस पुस्तक की एक और खास बात – शिक्षा के उच्चतर आयाम पर प्रकाश डालना है, जो आधुनिक जगत में प्रायः पूरी तरह से गायब है, जिसके लिए प्राचीन-काल में भारत विख्यात था।

कुछ लोगों को ऐसा लगता है कि आध्यात्मिक जागृति, भौतिक जगत की सम्पन्नता से बिलकुल भिन्न है। इस पुस्तक के लेखक डॉ. देवदास मेनन, एक सफल कंसलटेंट एवं आई आई टी मद्रास में स्ट्रक्चरल इंजीनियरिंग के प्रोफेसर के रूप में, इस बात के यथेष्ट उदाहरण है कि ऐसा नहीं है। इस बात के अनेक उदाहरण हैं कि आध्यात्म आपके द्वारा किये जाने वाले सभी कार्यों की गुणवत्ता को बढाता है।

डॉ. मेनन बौद्ध, जेन, वेदांत, ताओ, ईसाईयत और सूफी जैसे विभिन्न आध्यात्मिक परम्पराओं के साथ-साथ रमन महर्षि, च्वेंग त्सू, जे. कृष्णामूर्ति, निसर्गदत्त महाराज और एकार्ट टोल की शिक्षाओं में भी खासी रूचि रखते हैं। उन्होंने अनेक प्रबुद्ध मनीषियों से प्रज्ञान प्राप्त

किये हैं जो आपको यह पुस्तक पढ़ते हुए स्वतः ही स्पष्ट हो जाएगा। परन्तु इस पुस्तक का केंद्र लेखक नहीं है और ना ही इसकी विषय-वस्तु, बल्कि इसके केंद्र में पाठक है – आध्यात्म व्यक्ति के बारे में होता है, कर्म (वस्तु) के बारे में नहीं – इसलिये अधिक लिखना उचित नहीं। जितना कम कहा जाए उतना उचित होगा।

डॉ. मेनन के उत्कृष्ट एवं लोकप्रिय व्याख्यान, जिन्हें मैं पिछले दो दशकों से सुन रहा हूँ, उन्ही विचारों पर आधारित होते हैं, जिन पर उन्होंने इस पुस्तक में चर्चा की है। यह पुस्तक मुझ समेत उनके अनेक मित्रों के, उनकी बातों को तर्कसंगत क्रम में रखने एवं उसे एक किताब के रूप में प्रकाशित करने के अनुरोध का परिणाम है, ताकि अनेक और लोग भी इससे लाभान्वित हो सकें।

इस किताब की प्रस्तावना लिखने को कहे जाने को मैं एक बहुत बड़ा सम्मान मानता हूँ और इस सम्मान के लिए मैं उनका आभार प्रकट करता हूँ।

डॉ. के. बी. एम्. नम्बूदिरिपाद – डीन (अकादमिक अफेयर्स)
अमृता विश्व विद्यापीठ, एत्तिमदाई,
कोयम्बटूर, इंडिया

25 दिसंबर, 2003

प्राक्कथन

एक दिन मेरे एक मित्र ने मुझे अपने घर जलपान करने का निमंत्रण दिया। उनके दो बेटे हैं जो शायद किसी इंजीनियरिंग कॉलेज में पढ़ते हैं। जलपान सत्य ही बड़ा स्वादिष्ट था। मित्र की पत्नी पराठें पका रही थीं और हम चारों लोग पास ही टेबल पर बैठे खा रहे थे। हास्यपूर्ण बात-चीत के दौरान मैंने अपनी मित्र की पत्नी से पूछा कि क्या उन्होंने अपने बेटों को खाना पकाना सिखाया है? उन्हें बड़ा आश्चर्य हुआ, उन्होंने पूछा 'उन्हें क्यों खाना पकाना आना चाहिये?' मैंने कहा 'ये कल अमेरिका जायेंगे तो क्या करेंगे, भूखों मर जायेंगे'। 'वैसे भी' मैंने फिर कहा, 'यह एक कला है, कौशल है, आती हो तो अच्छा ही रहेगा'। परन्तु मुझे लगा कि मैं उनके मन तक अपनी बात नहीं पहुंचा पाया तब मैंने उनसे फिर पूछा, 'अच्छा, यह बताइये, ये दोनों बच्चे जितनी देर आपके साथ रहेंगे, उसमें आप लोग चुप रहेंगे या कोई बात-चीत भी होगी'?

'बात-चीत होगी' उन्होंने कहा।

'किस विषय पर'?

पारिवारिक बातें होंगी।

'और'?

पढाई-लिखाई की बातें होंगी।

और?

दुःख-दर्द की बातें होंगी।

और?

मायके-ससुराल की बातें भी हो सकती हैं।

और?

'धर्म-पुराण की बातें भी हो सकती है'।

मैंने तब कहा, 'इसलिए यह आवश्यक है कि ये आपके साथ कुछ समय अवश्य बिताएं, विशेषतः तब जब आप रसोई में हों, तब नहीं जब आप लोग टीवी देख रहे हों। ताकि आप लोगों की आपस में बात-चीत हो सके और ये युवक अपनी कह सकें, आपको सुन सकें। ऐसी स्थिति में कुछ समय के बाद, जब रोजमर्रा की बातें शेष हो जायेंगी तो मात्र शाश्वत सत्य की ही बातें होंगी। ये बातें परिवार में ही हो सकती हैं, इन बातों की शिक्षा परिवार में ही दी जा सकती है, कोई स्कूल-कॉलेज इसका कोर्स नहीं चलाता'।

आज का परिवार यह शिक्षा देना लगभग छोड़ चुका है। हमारे पास बच्चों को कहानियाँ सुनाने तक का समय नहीं है। आधुनिक शिक्षण संस्थानों ने ऐसी शिक्षा की कोई आवश्यकता ही कभी अनुभव नहीं की है। परिणामस्वरूप जितनी दिशाहीनता शिक्षित वर्ग में है उतनी अन्यत्र कहीं नहीं है। मेरे मित्र एवं सहकर्मी प्रो. देवदास मेनन की यह पुस्तक, 'भ्रम से जागो, सोने वालों!' शिक्षा के संसार में इस बड़ी कमी को दूर करने का एक बड़ा एवं सफल प्रयास है।

जीवन का अर्थ, ईश्वर-प्रदत्त प्रतिभा का एक मात्र उद्देश्य सिर्फ़ पैसे कमाना, सत्ता या नाम कमाना ही नहीं है। यह साधन हो सकते हैं किन्तु साध्य नहीं हो सकते हैं। साध्य क्या होगा? हम क्यों जियें, हमें कितने पैसे चाहिए, किस लिए चाहिए, आदि विषयों पर रुककर हमने

कभी विचार ही नहीं किया है हम निरंतर उस दिशा में भाग रहे हैं जिसके गन्तव का हमें ज्ञान ही नहीं है। हम सारे सुख चाहते हैं, एक साथ और तुरंत चाहते हैं, परन्तु मात्र अपने लिए और अपनों के लिए। हम यह नही सोचना-मानना चाहते हैं कि यदि चारों ओर आग लगी हो तो हमारा घर सुरक्षित नहीं हो सकता है, यदि चारों ओर अभाव हो तो हमारा अर्जित धन हमारे सुख का साधन नही हो सकता है, उस धन की सुरक्षा में ही हमारी सारी शक्ति एवं शांति चली जायेगी। हम उस धन का भी उपयोग-उपभोग नहीं कर पायेंगे।

आज जब परिवार, स्कूल, कॉलेज बच्चों को सिवाय नौकरी पाने की कला के और कुछ भी नहीं सिखा रहे हैं तब देवदास जी की पुस्तक 'भ्रम से जागो, सोने वालों!' एक बहुत बड़ी कमी दूर कर रही है। यह पुस्तक वैसे सपने देखना सिखा रही है जो स्वार्थ एवं भोग प्रेरित नहीं, क्षणभंगुर नहीं, बल्कि शाश्वत है, जो असंभव की सीमा पार कर प्रेरणा एवं प्रबुद्धि देता है तथा चिरंतन है। सपने ही देखना है तो फिर वैसे क्यों न देखें जो काल से परे हों। 'भ्रम से जागो, सोने वालों!' बच्चे, बड़ों, शिक्षक-विद्यार्थियों आदि सबों को आनंद एवं दिशा देगी, ऐसी आशा है।

श्रीश चौधरी
मानविकी एवं समाज-विज्ञान विभाग
आई आई टी – मद्रास, चेन्नई

आभार

मैंने यह किताब लिखी नहीं, वरन् यूं ही 'लिख ली गयी'।

इस 'संयोग' के घटित होने में, अत्यधिक सहयोग, प्रेरणा एवं प्रोत्साहन के लिए मैं ए. डी. पिशारोडी, के. बी. एम्. नम्बूदिरिपाद, के. कृष्णामूर्ति, अहल्याचारी, भरत सेतुरामन, एस. अच्युतन नायर, वी. कल्याणरमन, राधा शर्मा, गौतम सचदेवा और शिव शर्मा के प्रति अपना आभार प्रकट करता हूँ।

मैं आई आई टी – मद्रास और भारत तथा अन्य देशों के दूसरे संस्थानों के छात्रों के द्वारा दिए गए प्रोत्साहन के लिए भी आभार व्यक्त करता हूँ।

और अंत में, मैं अपना प्यार एवं अपनी कृतज्ञता अपने माता-पिता, अपने शिक्षकों एवं अपनी पत्नी रोशनी के प्रति व्यक्त करना चाहूँगा।

अनुवादक की ओर से

अगर मैं कहूं कि जीवन अनंत संभावनाओं एवं भवितव्यताओं का दूसरा नाम है, तो शायद गलत नहीं होगा कब कौन सी घटना, किस अनुगामी घटना का वाहक बने इसका अनुमान मानव-मेधा के बस के परे है। इस अनुवाद का मेरे हिस्से आना भी प्रायः इसी अ-अनुमाननीयता का एक सुन्दर उदाहरण हो सकता है। एक शाम मैं प्रो. श्रीश चौधरी के यहाँ ठहरा हुआ था। रात्रि के भोजन के उपरांत बातों-बातों में उन्होंने मुझसे कहा, 'रमन! *स्टॉप स्लीपवाकिंग थ्रू लाइफ*' का हिंदी क्या होगा? अगर तुम्हे टाइम चाहिए तो तुम सोच के मुझे कल बताओ! 'मैं कल ही बताता हूँ, सर,', मैंने कहा।

मुझे यह नहीं मालूम कि मेरे द्वारा अगले दिन बताये गए अनुवाद से प्रो. चौधरी कितने संतुष्ट थे और मुझे ठीक से यह भी नहीं पता कि उन्होंने प्रो. मेनन को मेरा नाम इस किताब के अनुवाद के लिए कैसे और क्यूं सुझाया? और मैं उनके द्वारा मेरे प्रति जताए गए विश्वास पर कितना खरा उतर सका हूँ? इस क्षण मैं इतना ही कह सकता हूँ कि इस अनुवाद ने, इसे करने के दौरान एवं करने के उपरांत, जितनी मानसिक शांति और सूकून दीया है, उतना आज तक सूकून मुझे कम ही चीज़ों से मिल सका है।

मेरी रूचि कभी भी इन इन्स्पिरेशनल टाइप की किताबें पढ़ने में अधिक नहीं रही है, परन्तु यह किताब, मेरे खुद के लिए, एक बड़ा

अपवाद रही और मुझे पूरी उम्मीद है यह अनुदित ग्रन्थ पढ़ने के बाद पाठक भी मेरी बात से सहमति जताएंगे क्योंकि यह पुस्तक मानव-जीवन के किसी खास पहलू पर फोकस करने की बजाय मानव-जीवन के पूरे बेसिक्स को नए सिरे से परिभाषित करने की आवश्यकता को बड़े ही प्रभावी ढंग से व्यक्त करती है।

यह अनुवाद मेरे लिए बहुत ही खास महत्व रखता है क्योंकि यह काम मैं पोर्को के साथ होने के बावजूद कर पाया, बिना इस अपराधबोध से ग्रस्त हुए कि मैंने उसका कोई समय उससे छीना हो। इस कार्य को इस स्थिति में पहुँचाने में कई व्यक्तियों का योगदान बेहद महत्वपूर्ण है मनुष्य-मात्र की भाषा की समझ उसके माता-पिता के द्वारा दिए गए संस्कारों से शुरू और वहीं समाप्त होती है। अतः माता-पिता को इस भाषिक-समझ के लिए धन्यवाद करना इस पूर्व-कथित वाक्य का दुहराव मात्र से अधिक कुछ भी नहीं होगा। प्रो. देवदास का धन्यवाद, जिन्होंने इस अत्यंत लोकप्रिय पुस्तक के अनुवाद के लिए मेरे ऊपर विश्वास किया। प्रो. श्रीश इस पूरे कार्य की संकल्पना से लेकर समापक कार्यान्वयन तक के वास्तविक सूत्रधार रहे हैं। उनका धन्यवाद शब्दों के माध्यम से करना पर्याप्त नहीं होगा। मैं अपने गुरु प्रो. इम्तिआज़ हसनैन, अलीगढ़, वह होने के लिए शुक्रिया अदा करना चाहूँगा जो वह मेरे लिए हैं। डॉ. राजेश, आई आई टी मद्रास का भी धन्यवाद जिन्होंने औपचारिक-अनौपचारिक दोनों प्रकार के संवाद से इस अनुवाद को समृद्ध किया।

अंत में मैं अपनी धर्मपत्नी ख्याति का धन्यवाद करना चाहूँगा जिन्होंने वो सारा दुःख अकेले सहा जो इस कार्य को पूर्ण करने के लिए आवश्यक था।

रामाञ्जनेय कुमार उपाध्याय
अंग्रेजी-अध्ययन विभाग
जी. एल. ए. विश्वविद्यालय, मथुरा

सुनहरे बालों वाला, युवा अपोलो
जीवन की दीर्घ-तुच्छता के लिए,
पूरी तरह से ना-तैयार,
सपने देखता खड़ा,
संघर्ष की कगार पर ।

रुपर्ट ब्रुक

1

जीवन के बड़े-बड़े सपने

कुछ साल पहले मैंने आई.आई.टी. मद्रास के द्वितीय वर्ष के पूर्वस्नातक अपने कुछ छात्रों से पूछा, "तुम्हारी ज़िन्दगी का सबसे बड़ा सपना क्या है?"

उन युवाओं ने मुझे कई तरह के उत्तर दियेः *"मैं एक ऐसा जीनियस बनना चाहता हूँ, जिसे दुनिया कभी ना भूले"*, कुछ ने कहा, *"विश्व-प्रसिद्ध अकैडमिशियन"*, कुछ ने *"सिलिकॉन वैली का अरबपति"*, किसी और ने *"एक बड़ी मल्टीनेशनल कंपनी का सीईओ"* इत्यादि। एकाध अपवाद भी थे। परन्तु अधिकतर की महत्वाकांक्षाएं बिलकुल स्पष्ट थीं और एक ही दिशा में थीं। एक ने लेकिन थोड़े कविता के लहजे में कहा: *"मैं समय की रेत पर अपना नाम स्वर्ण अक्षरों में लिखवाना चाहता हूँ!"*

पच्चीस वर्ष पहले आई आई टी मद्रास के उसी कमरे में बैठे खुद की तस्वीर मेरे आँखों के सामने घूम गयी। आश्चर्यजनक ढंग से, स्थितियां काफ़ी कुछ समान ही थीं। ऐसा लगा रहा था मानो समय ठहरा हुआ सा हो। संभवतः, मेरे और उन बच्चों के सपनों में कुछ खास अंतर नहीं था, सिवाय इसके कि वे सपनों का वर्णन कहीं निःसंकोच तरीके से कर

रहे थे। ये बच्चे काफ़ी स्पष्ट बोल रहे थे, इनका एक ही सपना था।

अपने सीनियरों की ही तरह उनमें से अधिकतर अमेरिका का रुख करना चाहते हैं और उन्हें पता है कि कोई भी उन्हें अपनी महत्वाकांक्षाओं को पूरा करने से रोक नहीं सकता। उनका मानना है कि वे सबसे अधिक कुशाग्र और आज के तकनीकी-युग में सर्वश्रेष्ठ हैं और उनके पास ऐसा करने का महत्वपूर्ण कारण भी है। सन 2002 में कैलिफ़ोर्निया में इंडियन इंस्टिट्यूट ऑफ़ टेक्नोलॉजी (भारतीय प्रौद्योगिकी संस्थान) के गोल्डन जुबली समारोह के उद्घाटन में बिल गेट्स ने कहा, "आई आई टी समूह के संस्थानों में एडमिशन मिलना, अमेरिका के सबसे बेहतरीन आइवी लीग के संस्थानों में एडमिशन मिलने से कहीं अधिक कठिन है।"

(स्रोतः सी बी एस न्यूज)

वास्तव में क्या होता है जब आपके बड़े-बड़े सपने पूरे हो जाते हैं? क्या होता है जब आप धनी और नामी हो जाते हैं? क्या आपको यह सुख अनवरत मिलता रहेगा? क्या उसके बाद आप सारी जिंदगी सुख-चैन से जी सकेंगे? या इसके विपरीत, कुछ बहुत ज़रूरी छूट रहा होगा, ऐसा कुछ जिस पर अभी ध्यान देना बहुत ज़रूरी है, जब कि आप युवा हैं और ऊर्जा से ओत-प्रोत हैं। क्या ईसा मसीह के इस कथन में एक गंभीर सन्देश नहीं हैः *"उस जीत में कैसा मज़ा, जब कोई पूरी दुनिया को जीत ले और खुद अपनी आत्मा से ही हार जाए?"*

जब ये मौलिक प्रश्न मैं अपने छात्रों से पूछता हूँ तो वे असहज हो जाते हैं। प्रायः वे इतनी गंभीरता से नहीं सोच पाते। वे अपनी जीवन की दिशा के बारे में पुनर्विचार नहीं करते हैं। करना भी नहीं चाहते हैं। उनमें से अधिकतर पूरी तरह से यंत्र-वत हो गए होते हैं। इस प्रकार के प्रश्नों का उत्तर देने में असमर्थता, घबराहट और असुरक्षा महसूस करते

हैं परन्तु इसके लिए उन्हें दोष नहीं दिया जा सकता है। जीवन की इस आपाधापी में काफ़ी कुछ दाँव पर लगा हुआ है और रुक कर इस बात पर दो मिनट सोचने के लिए भी उनके पास समय नहीं है। और उनके पास तो नहीं ही है जो इस दौड़ में काफ़ी आगे निकल चुके हैं। ऐसा करने के लिए अत्यधिक साहस की आवश्यकता होती है। जैसे-जैसे उम्र बीतती जाती है, ऐसा करना असंभव नहीं तो कम से कम और कठिन तो ज़रूर लगने लगता है। हमारे अच्छे विद्यार्थियों के भी सपने उनके खुद के नहीं, वरन् उनके माता-पिता तथा शिक्षकों के द्वारा ही गढे गए हैं। उनके सपने अपने जमाने के फैशन के परिणाम हैं।

उन्हें प्रदान की जा रही शिक्षा में ऐसा कुछ भी नहीं होता जो उन्हें इससे अलग सोचने के लिए प्रेरित कर सके। हर जगह उन्हें दूसरों से आगे निकल जाने की प्रेरणा दी जाती है। अपना कुछ करने को प्रोत्साहित नहीं किया जाता है। इन बच्चों ने बाकी बच्चों से आगे रहने के लिए कड़ा परिश्रम किया है। उन्हें शिक्षा देने वाले संस्थान भी इसी स्पर्धा के अगुआ हैं, जिनका अनुकरण बाकी लोग करते हैं।

क्या हमारी शिक्षा पद्धति के पास इससे बेहतर देने के लिए कुछ नहीं है? क्या हम जीवन के कुछ महत्वपूर्ण पहलुओं को पूरी तरह से नजरअंदाज नहीं कर रहे हैं? जैसा रुपर्ट ब्रूक पूछते हैं, क्या हम अपने युवा वर्ग को *"जीवन की दीर्घ अल्पता के लिए तैयार कर पा रहे रहे हैं?"*

अधिकतर लोग सोये हुए हैं, वे सोते हुए ही जीते हैं,
सोते हुए ही शादी कर लेते हैं, सोये ही बच्चे भी जन लेते हैं
और सोये हुए मर भी जाते हैं, बिना कभी जगे,
बिना कभी अस्तित्व की सुन्दरता को समझे।

एंथनी डी मेलो

2

जीवन की दीर्घ-अल्पता

जीवन के बड़े सपने वास्तव में बहुत कम हैं: कोई प्रवेश परीक्षा में पास होना चाहता है, कोई ड्रीम-जॉब पाना, विवाह करना, 'ग्रीन कार्ड' पाना आदि। सभी सफलता के आखिरी सोपान तक पहुँचना चाहते हैं। ये हमारे जीवन के महत्वपूर्ण मोड़ हैं, जो प्रायः बड़े संघर्षों की पराकाष्ठा दिखाते हैं। निश्चित रूप से प्रत्येक सफ़लता हमें संतुष्टि प्रदान करती है, परन्तु दुर्भाग्यवश यह ज्यादा लम्बे समय तक नहीं बने रह पाती। अपने जीवन के किसी भी पड़ाव पर रुककर कोई यह नहीं कह सकता कि: *'हाँ, अंततः मुझे स्थायी सुख मिल गया है।'*

दैनिक जीवन की छोटी-छोटी चीज़ें हमारे जीवन पर हावी रहती हैं। हम अक्सर अपने दैनिक काम-काज में इतने रम जाते हैं कि मुश्किल से अपने सपनों की नौकरी भर याद रह जाती है। बाकी सब कुछ हम भुला चुके होते हैं। जीवन तीव्र गति से चलता है। यद्यपि हम दिन भर किसी ना किसी रूप में व्यस्त रहते हैं, फिर भी हमारे पास प्रतिदिन की उपलब्धि के रूप में कुछ खास नहीं होता और यही हमारे प्रतिदिन के असंतोष का कारण बनता है। हम अनेक विकर्षणों की शिकायत करते रहते हैं, कि ये विकर्षण हमें हमारी ऊर्जा का सही इस्तेमाल नहीं होने देते। रोज़ के काम में रचनात्मकता के क्षण वैसे भी बहुत कम हैं और इन क्षणों का अन्तराल भी बहुत लम्बा होता है।

काम में या घर में हमारा संवाद हमेशा सुखद ही नहीं होता है। कुंठा, झुंझलाहट, ईर्ष्या-भाव और मन-मुटाव प्रायः होते ही रहते हैं। ये हमारे मन में कटुता छोड़ जाते हैं। हम लोगों के प्रति शंकालु हो जाते हैं और दिखाई पड़ने वाले सभी व्यक्तियों के बारे में तुरंत ही निर्णय करने लगते हैं। हम स्वयं दूसरों के विचारों और निर्णयों से अत्यधिक प्रभावित होने लगते हैं। यद्यपि ऊपरी तौर पर हम दर्शाते रहें कि हमें कोई फर्क नहीं पड़ता परंतु हमारी मानसिक अवस्था प्रायः पूरी तरह से दूसरे लोगों के व्यवहार पर आधारित हो जाती है। हम अपने व्यवहार पर भी अपना नियंत्रण खो देते हैं। यूं ही कही गयी कोई बात भी हमें दुखी कर जाती है।

हाल ही में किसी ने मुझे किसी महिला से संबंधित एक घटना के बारे में बताया। वह दिन उस महिला का जन्म-दिन था। सबेरे-सबेरे उसके पति ने उसे जन्म-दिन की बधाइयों तथा गुलदस्ते के साथ उसे जगाया। वह प्रसन्न-चित मुद्रा में, अपनी नियमित सुबह की सैर पर निकली। परन्तु उसकी खुशी ज्यादा देर नहीं टिक सकी। रास्ते में उसकी पड़ोसन ने उससे कहाः "हैलो? महीनों से तुम इसी तरह से टहल रही हो, परन्तु तुम्हारा वज़न घटने के बजाय बढ़ता ही लग रहा है!" बेचारी महिला ने अपनी सुबह की सैर समय से पहले ख़त्म की और घर वापस लौट गयी। खुद को कमरे में बंद कर लिया, दो घंटे तक रोती रही और पूरे दिन भर उदास बनी रही।

हम अलग-अलग कारणों से उदास होते हैं। जो चीज़ किसी के लिए व्यर्थ हो सकती, वही किसी और के लिए अत्यंत गंभीर भी हो सकती है। मस्तिष्क की अपनी प्रक्रिया है और यह हमेशा तर्कों के आधार पर काम नहीं करता। अलग-अलग छोटी-छोटी परन्तु परेशान करने वाली घटनाएं हमारे क्रोध अथवा अवसाद को धीरे-धीरे बढ़ाती रहती हैं। और अचानक ही वह गुस्सा कभी किसी के ऊपर फूट पड़ता है। ऐसा व्यवहार अनियंत्रित भी होता है, अतार्किक भी होता है।

जब हम अपने दैनिक जीवन में छोटी-छोटी बातों को लेकर इतने चंचल हो जायेंगे तो ईश्वर न करे किसी बड़ी मुश्किल के आने पर हम कैसा व्यवहार करेंगे?

निश्चय ही, यह भी सच है, जीवन सदैव उतना बुरा भी नहीं है। यहाँ आनंद के भी काफ़ी अवसर हैं। यद्यपि उन्ही क्षणों में हम बहुत लम्बे अरसे तक नहीं रह पाते। ऐसा कहना संभवतः अधिक उचित होगा कि प्रायः हम ना तो अधिक दुखी और ना ही अधिक प्रसन्न रहते हैं। इसी मध्यम-मार्ग में प्रायः उदासी, नीरसता और व्यग्रता आती-जाती रहती है। इसी मानसिक अवस्था का वर्णन करते हुए मेरे एक पुराने विद्यार्थी ने मुझसे कहाः "एक बहुत ही गहरी असुरक्षा की भावना, एक प्रकार का डर हमें समय-समय पर सताता रहता है, हम इसे समझते नहीं हैं, हालाँकि हम इससे उबरने की भरपूर कोशिश करते रहते हैं।" किसी ना किसी क्रिया-कलाप में निरंतर लगे रहना इससे उबरने का एक सामान्य तरीका है, भले ही वो काम कितना ही नीरस क्यूँ न हो। जाने-अनजाने सभी प्रकार के क्रिया-कलाप हम नियमित रूप से करते रहते हैं, जिनमे से भले ही कोई भी हमें बहुत उत्साहित न करते हों। कुछ भी नीरस करते रहना प्रायः कुछ भी नहीं करने से तो बेहतर ही है। परन्तु सांसारिक गतिविधियों में लगे होने पर भी, हमारा ध्यान शायद ही कभी पूरी तरह से हमारे काम पर होता है। हमारा मस्तिष्क बन्दर की भांति है, इस डाल से उस डाल पर उछलता हुआ, हमेशा विचलित, अशांत और अस्थिर।

हम सबने यह कहावत तो सुनी ही होगीः 'खाली दिमाग, शैतान का घर'। जब हमारे पास करने को कुछ नहीं होता, बात करने के लिए भी कोई नहीं होता तो हमारा दिमाग चंचल होने लगता है। हमें किसी न किसी नए विकर्षण की जरूरत महसूस होने लगती है। टीवी रिमोट और मोबाइल फोन कुछ समय तक और कुछ हद तक हमें बोरियत से बचाते हैं। हमें कुछ सनसनीखेज चीजें, जैसे मार-धाड़ वाली फिल्म,

आदि की जरूरत होने लगती है ताकि हम एक बार फिर जोश का अनुभव कर सकें।

मनुष्य मात्र को यह प्रतिभा प्राप्त है कि अपना मनोरंजन आप करे या स्वयं को दुखी करे। हम अगर नज़र दौड़ायें तो हम यही देखेंगे कि अन्य जीवित प्राणियों के मुकाबले अधिक क्षमता-संपन्न होने के बावजूद, हम अधिक असंतुष्ट जीते हैं। संतों का यह मानना है कि इस असंतुष्टि के द्वारा प्रकृति तर्कशील मानवों को यह समझाती है कि "तुम पूरी तरह ठीक नहीं हो।" इस प्रकार यह असंतुष्टि उसे अपनी चेतना को उच्चतर स्तर पर ले जाने के योग्य बनाती है। परन्तु इस विषय को हम शायद ही कभी जीवन के इस परिपेक्ष्य में देखते हैं। एक 'सामान्य' व्यक्ति के लिए यह मान लेना बड़ा कठिन है कि यदि कोई समस्या है तो यह उसी के अन्दर है, वह दूसरों या बाह्य परिस्थितियों में नहीं है।

जब हम इस प्रकार के पर्याप्त दुःख उठा लेते हैं तब, या जब हमें अचानक ही अंतर्दृष्टि प्राप्त हो जाती है, तब हम सत्य को जान पाते हैं और हमें जीवन के और गहरे आयामों का पता चलता है। इसी अंतर्दृष्टि से हमें 'जीवन की दीर्घ अल्पता' से भी स्वतंत्रता मिल जाती है।

फिर, हग नींद से जाग्रत अवस्था में आ जाते हैं। और जाग्रत अवस्था में आने के बाद, हम जीवन की सुन्दरता का अनुभव कर पाते हैं, जिसकी ओर एंथनी डी मेलो इशारा करते हैं। तभी मनुष्य एक आदर्श शिक्षक एवं एक आदर्श माता-पिता बन पाता है। परन्तु इन सबसे पहले उसे जागना पड़ता है अपने व्यक्तित्व को समझ पाना ही जागना है। यह एक अत्यंत सुखद अनुभव है। यह प्रसन्नता मन की चंचलता को हमेशा के लिए दूर कर देती है जो हमारे जीवन को एक अनोखे आनंद से भर देती है।

9

सुषुप्तावस्था और जाग्रतावस्था की स्थिति के बारे में मुर्गे और बाज की एक बड़ी सुन्दर कहानी है। एंथनी डी मेलो ने इस कहानी को काफ़ी लोकप्रिय बनाया। एक बार, एक बाज का अंडा किसी प्रकार खो गया और मुर्गी के अंडों में मिल गया। अंडे सेये गए और बाज का बच्चा चूजों के साथ बड़ा हुआ। बाज का बच्चा खुद को चूजा समझता रहा (हालाँकि यह दूसरे चूजों को थोड़ा अजीब जरूर लगता था) और वह अपने सारी ज़िन्दगी वही सब करता रहा जो बाकी चूजे करते थे। वह उनके साथ कुड़कुड़ करता रहता और कीड़ों-मकोड़ों को खाने के लिए जमीन खरोचता रहता था। वह, बाकी मुर्गों की तरह अपने पंख फैलाकर हवा में कुछ ही फीट ऊपर तक उड़ सकता था।

कई साल बाद, एक दिन, बाज-मुर्गे ने एक विशालकाय पक्षी को आकाश में ऊँचे उड़ते देखा। अपने बड़े-बड़े डैनों को पूरा फैलाकर वह विशालकाय पक्षी बड़े शान से उड़ रहा था। यह सब देखकर विस्मित बाज-मुर्गे ने पूछा, *"वह कौन है?"* तो एक बुद्धिमान बूढ़े मुर्गे ने जवाब दिया, *"वह पक्षियों का राजा बाज है। विशाल बाज आकाश में रहते हैं, हम मुर्गे केवल धरती पर ही रह सकते हैं।"* यह बाज कभी बाज नहीं बन पाया, वह बाज जो खुद को मुर्गा ही समझता रहा और मुर्गे की तरह ही जीता रहा और बिना स्वयं की वास्तविकता और सामर्थ्य समझे, अंत में उसी तरह मर भी गया। उसका अपने व्यक्तित्व से कभी परिचय ही नहीं हो पाया।

हममें से अधिकतर के लिए जीवन के बड़े सपनों की सूची में जाग्रत होना शामिल नहीं रहता है। अभी भी नहीं है। उनमें से अनेक सपने ऐसे हैं जो दूसरों के मन में ईर्ष्या उत्पन्न करते हैं। और जाग्रत होने का अर्थ है, ऐसे सपनों से ऊपर उठना। जाग्रत होना दूरस्थ भविष्य में किसी दूरस्थ स्थान पर हासिल करने की चीज़ नहीं है। यह तो यहीं और अभी महसूस हो सकने लायक एक अनुभव है और यह हमारे हर काम में सदा दिखाई दे सकता है। यह जानते हुए भी यदि हम नहीं जगते हैं तो हम यूं ही अर्थहीन जीवन जीते रहेंगे।

मनुष्य का जन्म उसके दुखों का जन्म है
जितनी लम्बी अवधि तक जीता है, उतना ही मूर्ख होता जाता है,
जीवित बचे रहने की इच्छा और भविष्य में खुशियाँ पाने की लालसा
उसे वर्तमान में जीने नहीं देती!

च्वांग्त्से

3

बुनियादी सिद्धांतों का टाल-मटोल

मानव-मूर्खता पर महान चीनी विद्वान् च्वांग्त्से द्वारा सदियों पहले लिखे गए इस छंद से प्रायः कई लोग सहमत नहीं होंगे। ये पंक्तियाँ प्रायः अत्यंत अवसादकारी लगती हैं। परन्तु उनमें कई सत्य छुपे हुए हैं और यदि ये सत्य कड़वे लगते हैं तो उनका कारण यह है कि हम उनसे सदियों से बचते फिर रहे हैं। हममें से कुछ लोग इन पंक्तियों को सच नहीं भी मान सकते हैं। ये पंक्तियाँ भले अवसाद्कारी लगती हों। परन्तु सत्य को निराशावाद अथवा आशावाद से कुछ लेना-देना नहीं है; सत्य हमेशा साधारण सत्य ही होता है।

एक बार मैंने अपने छात्रों से पूछेः "मान लो तुम बीमार पड़ते हो और डॉक्टरों ने पाया कि तुम्हे कैंसर है। तुम क्या चाहोगे कि इस बारे में तुम्हे पता चले या नहीं?" अधिकतर छात्रों ने ऊँचे स्वर में कहा, "*नहीं!*" केवल कुछ ही "*हाँ!*" कहने का साहस जुटा सके और उनमें से कुछ अधिक चालाक छात्रों ने कहाः "*हाँ, परन्तु तभी, जब कैंसर ठीक होने लायक हो।*"

ये छात्र सच को स्वीकार करने के लिए तैयार नहीं है। हम इसके लिए इन्हें माफ़ कर सकते हैं। हो सकता है वो पूरी तरह से 'सयाने' और परिपक्व न हो सके हों। परन्तु, शायद इसका आयु से कुछ भी लेना-देना नहीं है, क्योंकि परिपक्व हो चुकी जनसँख्या का बहुत बड़ा हिस्सा भी बहुत भिन्न व्यवहार नहीं करता। उदाहरणार्थ, मृत्यु का वर्णन हर प्रकार से अशुभ माना जाता है, यद्यपि यह प्राकृतिक एवं जीवन का अटल तथ्य है। जैसे-जैसे हम वृद्ध होते जाते हैं, वैसे-वैसे हम मृत्यु से बचना चाहते हैं। अपनी संपत्ति के प्रति आसक्ति बढती जाती है। वर्तमान में जीने के अर्थ को समझे बिना, हम भविष्य के लिए खुशियाँ बटोरकर दीर्घायुत्व प्राप्त करना चाहते हैं। निश्चित रूप से, यह बुद्धिमानी का लक्षण नहीं है। यदि च्वांग्त्से इसे बेवकूफ़ी कहते हैं, तो हम उन्हें गलत कैसे ठहरा सकते हैं? यदि हम मूर्ख नहीं होते तो हम मृत्यु तथा नश्वरता का अर्थ समझ रहे होते और, इसी कारण से, संभवतः जीवन के और अधिक गहरे अर्थ को खोज रहे होते।

यदि हम इसके लिए तैयार नहीं हैं तो यह स्पष्टतः हमारी खुद की इच्छा का परिणाम है।

निश्चित रूप से मानव-जाति को विशिष्ट बुद्धि प्राप्त है। पिछली तीन सदियों की महान उपलब्धियाँ इसका प्रत्यक्ष उदाहरण हैं। चिकित्सा-पद्धति के क्षेत्र में हुई उन्नति तथा जेनेटिक इंजीनियरिंग द्वारा दिखाई जाने वाली संभावनाओं ने मनुष्य को लगभग देवता बना दिया है। लोगों की बढती आयु, शारीरिक-सौन्दर्य को लंबे समय तक कायम रखना, घटता हुआ बुढ़ापा – ये सभी अद्भुत चीज़ें हैं। हर स्त्री-पुरुष इसकी कामना रखता है। यह सब कुछ मानवीय मेधा के कारण ही संभव हो सका है। शायद ही कभी कोई पूछता होः *"शरीर में जान को लम्बे समय तक घसीटने से क्या फायदा? वास्तव में मानव-जीवन का अर्थ क्या है? मृत्यु क्या है और हम इससे इतना क्यूँ डरते हैं?"* ऐसा प्रश्न तो हममें से कोई नहीं पूछता है।

दीर्घायु होना क्या मनुष्य की बुद्धिमत्ता का पैमाना है? हम दरअसल एक कड़वे सच से रूबरू होने जा रहे हैं। च्वांग्त्से जैसे महर्षि भी समूचे सभ्यता के संहार करने की मानवीय योग्यता में वृद्धि के बारे में नहीं सोच सके होंगे। आज सारी मानव-जाति अपनी मूर्खता, सामूहिक रूप से आत्मसंहार की क्षमता का सबूत दे रही है। मानव-प्रज्ञा तथा विवेक पर निर्भर होने के आधार कम होते चले जा रहे हैं। हम विश्वास के साथ यह नहीं कह सकते हैं कि मनुष्य सामूहिक-विनाश के औजारों का इस्तेमाल नहीं करेगा। अभूतपूर्व रूप से, धरती के सभी जीवों का अस्तित्व संकट में है।

मानव जाति इस आने वाले खतरे के लिए तैयार भी नहीं है।

हम जीवन के गहरे मुद्दों पर अपनी सोच को टालते रहते हैं अथवा उससे बचते रहते हैं, क्योंकि हम तात्कालिक प्रभाव वाले कामों में हमेशा उलझे रहते हैं। यह बुद्धिजीवियों और वैज्ञानिकों के बारे में उतना ही सच है, जितना मनुष्यों के किसी अन्य समूह के बारे में। भले ही हम डॉक्टरेट डिग्रीधारी हों, अपने-अपने क्षेत्रों के मूल सिद्धांतों को पढ़ते रहे हों, उन पर प्रश्न उठाते रहे हों, परन्तु हम अपनी ही मौलिक प्रकृति से संबंधित प्रश्नों से बचते रहते हैं। हम स्वयं के बारे में कुछ नहीं पूछना चाहते हैं। हम संसार के मिथ्या तौर-तरीकों को उसी प्रकार स्वीकार कर लेते हैं।

वैज्ञानिक अथवा बुद्धिजीवी ऐसा मान सकते हैं कि वे एक आम व्यापारी से बौद्धिक स्तर पर कहीं अधिक श्रेष्ठतर हैं। परन्तु आज के संसार में बुद्धिजीवी भी बस एक अलग प्रकार के व्यापारी रह गए हैं। जिस प्रकार एक व्यापारी प्रायः पूरी तरह अपने निजी भौतिक संपत्तियों से ही स्वयं को तोलता है, उसी प्रकार आज-कल किसी विद्वान की पहचान और योग्यता उसके पद, प्रकाशन, रिसर्च फंडिंग, पेटेंट (इंटेलेक्चुअल प्रॉपर्टी राईट), पुरस्कार और प्रतिष्ठित संगठनों की सदस्यता से मापी

जाती है। वो दिन लद गए जब ज्ञान केवल ज्ञान के लिए, केवल खुद को शिक्षित करने और सत्य की सहज खोज के लिए ग्रहण किया जाता था। अधिकतर शोधार्थी आज एक दूसरी समस्या का सामना कर रहे हैं। आगे बढ़ने के लिए उन्हें उन क्षेत्रों में काम करना पड़ता है जिनमें उनकी रूचि ही नहीं है। ऐसा करना दुखद ही नहीं अनैतिक भी है। फिर भी लोग ऐसा इसलिए करते हैं कि इसका एकमात्र यह कारण है कि या तो वहां पैसा बहुत है या वहां प्रकाशित करना या पेटेंट कराना ज्यादा आसान है। यह 'चूहा-दौड़' संस्कृति अकादमिक संसार समेत हर जगह फ़ैल गयी है। यहाँ का मन्त्र है: 'प्रकाशित करो वरना ख़त्म हो जाओगे'। किसी को भी उच्चतर सत्य – *'जाग्रत हो जाओ अथवा समाप्त हो जाओगे'* – के बारे में कोई फ़िक्र नहीं है।

प्रसिद्ध विद्वान् भी सामान्य इंसानों के जितना ही आम मानवीय दुर्गुणों जैसे – लालच, ईर्ष्या, जोड़-तोड़, छल-कपट, क्रोध, तथा भय आदि से उतने ही घिरे होते हैं। उनका पांडित्य भी उन्हें इन दुर्गुणों से मुक्ति नहीं दिला पाता।

जब कोई प्रतिभाशाली वैज्ञानिक, बुद्धिजीवी अथवा कलाकार सालों-साल तक किसी प्रतिष्ठित पुरस्कार के लिए अनदेखा किया जाता है तो उसकी पीड़ा बढती ही जाती है। इसके अलावा जब किसी कम योग्य सहकर्मी को यह पुरस्कार मिलता है तो उसका दर्द असह्य सा हो जाता है।

कैसी विडम्बना है कि एक ही व्यक्ति के अन्दर अप्रतिम प्रतिभा के साथ, चरम मूर्खता भी है। यह भी कितनी बड़ी विडम्बना है कि बढती अवस्था, शिक्षा, तथा अनुभव के साथ किसी को बहुत अधिक ज्ञान प्राप्त हो सकता है, फिर भी वह वास्तव में अज्ञानी ही बना रह सकता है।

अकादमिक दुनिया में भी कुछ लोग यह इरादा रखते हैं कि किसी दिन, संभवतः सेवानिवृत्त होने के उपरान्त, वे एकांत बैठ सकेंगे

और जीवन के और गहरे पहलुओं पर विचार कर सकेंगे। तब तक सब कुछः 'रोजमर्रा की ही तरह' चलता रहेगा।

ऐसा क्यों है कि हम उन मूल धारणाओं के बारे में प्रश्न नहीं पूछना चाहते हैं, जो हमारे जीवन के मूलभूत आधार हैं, जिनसे हमारे जीने का ढंग निर्धारित होता है? क्या ऐसा हमारे गहरे तक पैठे भय के कारण है कि अगर हम इन बातों पर सोचेंगे तो संभवतः हम निरर्थक दार्शनिक बन जाएंगे अथवा पागलखाने पहुँच जाएंगे? इस पर नष्ट किया गया समय और ऊर्जा जीवन में हमारे विकास को रोक सकती है और हम इस अंधी-दौड़ में पीछे छूट सकते हैं। सतही तौर पर ऐसा नहीं लगता कि हमारे पास कोई दूसरा उपाय है, सिवाय इसके कि हम दुनिया के तौर-तरीके अपना लें। इसके अलावा, इतने सारे लोग शायद एक साथ ही गलत तो नहीं हो सकते। हम ऐसा ही सोचकर अपने आपको धोखा देते रहते हैं।

हम पूरी नौकरी कर लेने के बाद भी, 'सेवानिवृत्ति' के विचार से डरते रहते हैं और इसके लिए मानसिक अथवा अन्य किसी रूप से 'नितांत ही ना-तैयार' रहते हैं। हम लाभकारी रोजगार के वैकल्पिक साधनों की तलाश करने लगते हैं, ताकि इस अवश्यम्भावी को कुछ समय के लिए और टाला जा सके। जब एक सेवानिवृत्त हो रहे सहकर्मी से यूं ही पूछा गया, "अपने गाँव वापस जाकर, शांत, आध्यात्मिक जिंदगी जीने के आपके सपने" के बारे में क्या ख्याल है? उन्होंने व्यावहारिकता से जवाब दियाः "अगर मैं वहां वापस जाऊं, तो मेरा अस्तित्व कुछ भी नहीं रह जाएगा?"

हमारे खुद के अन्दर बैठा हुआ भय हमारे सम्पूर्ण व्यक्तित्व को दबा देता है। किसी को 'कुछ भी नहीं' रह जाने का भय सता रहा होता है, किसी और को अनजाने ही महत्ता की इच्छा होती है। उनकी लालसा होती है, कि उनकी श्रेष्ठता दूसरे स्वीकार करें। जब ऐसी अभिस्वीकृति

नहीं मिलती दिखती, तभी व्यक्ति इसके लिए प्रयास आरम्भ करता है। क्या यही कारण है कि अनेक वृद्ध लोग बारम्बार अपनी तथाकथित सफलता के किस्से हमें सुनाते रहते हैं? वे अपने स्वयं के मस्तिष्क में ही दिग्गज बन जाते हैं।

हम क्यों स्वयं की श्रेष्ठता बार-बार स्थापित करते रहना चाहते हैं? हम यूं ही सामान्य तरीके से क्यों नहीं रह सकते? क्यों हम कभी-कभी खुद स्वयं बनने में लज्जित महसूस करते हैं? जिसका अर्थ यह है कि हमें अपने सारे ढोंग तथा अपनी छवि हमेशा चमकाने का प्रयास छोड़ना होगा। हम बुढापे की प्राकृतिक प्रक्रिया – त्वचा पर झुर्रियां और बालों के सफ़ेद होने और गिरने से इतने डरते क्यों हैं?

हम ऐसे प्रश्नों से इसलिए डरते हैं, क्योंकि हम इसके संभावित उत्तरों से डरते हैं।

'मैं' भी (कुछ नहीं) 'नाचीज' हो सकता हूँ, इस तथ्य को स्वीकार करने का साहस उतना ही बड़ा है जितना इस तथ्य को स्वीकार करना कि मुझे कैंसर है और मैं मर रहा हूँ। जब इन्सान इसे एक नितांत सत्य के रूप में देखता है और इस सूक्ष्म-दृष्टि के निहितार्थ को स्वीकार करता है, तो उसकी चेतना में एक जबरदस्त परिवर्तन संभव है। मनुष्य जागृत हो उठता है और वह भयमुक्त हो जाता है। उसके बाद, सत्य को स्वीकार करने से बचने तथा मूर्खतापूर्ण किंवदंतियों की कल्पना करने जैसी कोई मूर्खता शेष नहीं रह जाती।

परन्तु, हममें से अधिकतर की जीवन-शैली इसके ठीक विपरीत है। हम मृत्यु तथा जीवन की क्षणभंगुरता के प्रति 'पूर्ण रूप से ना-तैयार' रहते हैं।

हम क्षणभंगुरता के प्रति अपनी गुप्त आशंकाओं को जीवन में अंतहीन शोर तथा व्यस्तता से भरकर दबाना चाहते हैं। हम सुविधा-

सम्पन्न जीवन-शैली के आदी हो जाते हैं हम (मानवीय संबंधों समेत) बेहद चिंता के साथ अपनी विभिन्न संपत्तियों से चिपके रहते हैं तथा सांसारिक गतिविधियों में रत रहते हैं, जैसे कि वे ही हमारे व्यक्तित्व का अंतिम लक्ष्य हों। उनके बिना, क्या तब हमारा व्यक्तित्व शून्य रह जाएगा?

हम अपने चारों ओर वृद्ध व्यक्तियों की दुर्दशा देखते हैं। वे आत्म-सम्मान खोने से दुखी, उपेक्षित, उदास, तथा परास्त, एवं मृत्यु से अत्यधिक भयभीत, खिन्न, आत्म-दया एवं क्रोध से घिरे व चिंता-मग्न रहते हैं। यदि जल्द ही अपने भ्रमों को भुलाकर जाग्रत नहीं हो जाते तो लगभग वैसी ही स्थिति हमारी भी हो सकती है।

हम भले ही चाँद तक पहुँच जाएँ,
पर खुद से अलग करने वाली खाई को पार न कर पायें
तो ऐसी उपलब्धि से क्या लाभ?
महत्वपूर्ण यात्रा तो यह खाई पार करना है
इसके बिना बाकी सभी यात्राएं बेकार हैं।

टॉमस मर्टन

4

शिक्षा में प्रबोधन

शिक्षा के बारे में गैलिलियो ने कहा है: "आप किसी को कुछ सिखा नहीं सकते, आप बस उसे खुद के अन्दर वही चीज़ ढूँढने में मदद कर सकते हैं।" परन्तु, उदात्त आदर्शों तथा व्यवहारिकता के बीच इसी बड़े अंतर के कारण हमेशा शिक्षा की आलोचना होती रही है। बर्टेंड रसेल तो यहाँ तक कह गए: "मनुष्य अज्ञानी पैदा होता है, बेवकूफ़ नहीं; उन्हें बेवकूफ़ शिक्षा बनाती है" दूसरी ओर विल दुरांत ने भी लिखा है, "शिक्षा हमारे अज्ञान की निरंतर खोज है।"

पश्चिमी दुनिया के उत्कृष्टतम विद्वानों के द्वारा व्यक्त किये गए ये विचार अच्छे हैं। परन्तु ये उत्कृष्ट मनीषी भी शिक्षा के उच्चतर आयाम, जिसे हम प्रबोधन का आयाम कह सकते हैं, की कल्पना नहीं कर सके। हालांकि प्राचीन भारत और चीन में यह शैली संभव थी, यद्यपि यह शैली कुछ ही लोगों को सुलभ थी। कुछ प्राचीन गुरुओं और प्राचीन विश्वविद्यालयों ने इसे पहचाना और इसे मौलिक महत्व प्रदान किया जिसने शिक्षा को दार्शनिक आधार दिया। संस्कृत में 'गुरु' शब्द का शाब्दिक अर्थ – अँधेरा दूर करने वाला होता है। यह शब्द उस व्यक्ति को द्योतित करता है जो आत्मा के सत्य की प्रत्यक्ष अनुभूति पर आधारित मेधा का प्रकाश फैलाने में समर्थ हो।

'तर्कशील' पश्चिमी जगत में गुरु को शिक्षा के साथ जोड़ने पर निश्चय ही असहमति होगी। एक तो उन्हें इसे स्वीकार करने में परेशानी होगी। यदि ऐसे गुरु हैं भी, तो क्या उनका उचित स्थान शिक्षा की बजाय धर्म में नहीं है? सुनने में आश्चर्यजनक लग सकता है परन्तु ऐसे गुरु वास्तव में थे और पठन-पाठन की जिम्मेदारी उन्ही पर थी। प्रत्येक गुरु के ऊपर अपने गुरुकुल का स्वतंत्र प्रभार था, जहाँ पर गुरु को अपने शिष्यों को उनके विवेकानुसार शिक्षा-दीक्षा प्रदान करने की छूट थी। शिष्य अपनी अभिरुचि तथा क्षमता के अनुसार ज्ञानार्जन करते थे। उपनिषदों का 'उत्तम से उत्तम ज्ञान' प्राप्त करना सबके लिए संभव नहीं था। जो उपनिषदों तक पहुँच भी सके, उनमें से भी कुछ ही लोग उस ज्ञान का प्रत्यक्ष अनुभव कर, एक भिन्न चेतना का स्तर प्राप्त कर पाए।

एक उपनिषद में एक युवा छात्र श्वेतकेतु के बारे में रोचक वर्णन मिलता है। उसके पिता उद्दालक ने, जो स्वयं एक प्रसिद्ध गुरु थे, अपने पुत्र को बारह वर्ष की अवस्था में दूसरे गुरुकल में विद्याध्ययन को भेजा जब चौबीस वर्ष की अवस्था में श्वेतकेतु, विद्यार्जन समाप्त कर घर लौटा तो उसके पिता तुरंत यह भांप गए कि इस युवक को अपने अर्जित ज्ञान का बड़ा घमंड हो गया है और वह अभी जाग्रत नहीं हो पाया है। पुत्र को इस बात का एहसास कराना आवश्यक था कि आत्म-बोध से संबंधित वेदों का गहन ज्ञान प्राप्त करने के बावजूद, वह अभी भी जाग्रत नहीं हो सका था। तदुपरांत उद्दालक स्वयं गुरु की भूमिका में आते हैं और विस्तृत व्याख्यान के माध्यम से शाश्वत सत्य का उत्कृष्ट निरूपण करते हैं। मूल कहानी का थोड़ा नाटकीय तथा संक्षिप्त निरूपण निम्नशः है।

बरगद के पेड़ के नीचे बैठे उद्दालक ने श्वेतकेतु से पूछाः "यह विशाल वृक्ष कैसे पैदा हुआ?" युवक ने तुरंत जवाब दियाः "*बीज से*", फिर गुरु ने पूछा, "बीज कहाँ से उत्पन्न हुआ?" युवक के पास कोई

उत्तर नहीं था। तब गुरु ने उसे पेड़ से एक फल लेकर, उसे तोड़कर उसमें से एक बीज लाने को कहा। फिर गुरु ने श्वेतकेतु को बीज तोड़ने और उसके अन्दर देखने को कहा। स्पष्ट है, उसके भीतर दिख सकने वाला कुछ भी नहीं था। परन्तु क्या यह *'कुछ नहीं है'*? क्या पेड़ 'कुछ नहीं' से पैदा हुआ है?

क्या यह चमत्कार नहीं है कि मानव समेत सभी जीवित रूप 'निराकार' से उत्पन्न होते हैं? उस निराकार सार की प्रकृति क्या है जिसमें जगत समाया हुआ है और जिससे आकाश, समय और जीवन की उत्पत्ति होती है?

श्वेतकेतु के सम्मुख खड़े प्रश्न आज भी उतने ही प्रासंगिक हैं जितने वे प्राचीन काल में थे। निश्चित रूप से, इन सनातन प्रश्नों का कोई उद्यत उत्तर तो नहीं है और हमारे सबसे प्रतिभाशाली वैज्ञानिकों एवं दार्शनिकों के पास भी इसका कोई उत्तर नहीं है। परन्तु प्रश्नों को केवल इसलिए दरकिनार नहीं किया जा सकता क्योंकि उनके उत्तर नहीं जाने जा सकते। हमारे अस्तित्व मात्र के चमत्कार से अचंभित न होना हमारी मूर्खता होगी।

आश्चर्यजनक यह है कि जितने अधिक बार और जितनी गहराई से हम उस चमत्कार को अनुभव करते हैं, हम अपने उत्तर के उतने ही करीब पहुंचते जाते हैं। पारंपरिक अर्थ में इसका कोई उत्तर ही नहीं है। प्रश्नकर्ता जब प्रश्न के साथ एकाकार हो जाता है तो प्रश्न स्वयं समाप्त हो जाते हैं।

पच्चीस शताब्दी पहले युवराज सिद्धार्थ के बुद्ध बनने की कहानी मानव इतिहास की सबसे विलक्षण एवं प्रेरणाप्रद कहानियों में से एक है। उनका पालन-पोषण सुख-सुविधाओं के मध्य हुआ, जिन्हें रोग, क्षय और मृत्यु से यत्नपूर्वक बचा के रखा गया था। दरअसल यह 'जीवन की दीर्घ अल्पता' के लिए एक युवा अपोलो के ना-तैयार रहने का उत्कृष्ट उदाहरण है। सांसारिक सुखों से युक्त खोखले जीवन से मोहभंग होने के बाद, सिद्धार्थ जीवन के सही अर्थ की खोज में निकल पड़े, परन्तु उनका मार्गदर्शन करने वाला कोई सच्चा गुरु उन्हें नहीं मिल सका।

यह कहानी सत्य की तलाश में लगे एक सच्चे शोध छात्र की तरह है। छात्र अपने शोध के दौरान अनेक प्रमेयों का परीक्षण करता है। उसे अनेक परिज्ञान मिलते हैं और इस दौरान मिलने वाले विभिन्न भ्रमों और प्रलोभनों में पड़ने से वह खुद को बचाता है। किस भरोसे से बुद्ध बिना किसी गुरु के, और ईश्वर की प्रार्थना के, अकेले ही चलते रहे? संभवतः, वह सहज विश्वास यह था कि सत्य की ही विजय होगी और यह विश्वास इस पूरे मार्ग में मिलते रहने वाले सहजज्ञान से और दृढ होता रहा। सिर्फ प्रबोधन उनके लिए पर्याप्त नहीं था, उन्होंने उस परम ज्ञान की प्राप्ति के लिए धैर्यपूर्वक उस दिन का इंतज़ार किया। उन्होंने प्रबोधन की इस स्थिति के लिए निर्वाण शब्द का प्रयोग किया। तथाकथित बुद्ध प्रकृति सभी को सुलभ है। आम-जनों की आवश्यकताओं के अनुरूप, दार्शनिक बहस से बचते हुए उन्होंने अपनी शिक्षा को यथासम्भव सरल रखने की कोशिश की। उन्होंने कहा, "मैं केवल एक ही बात कहता हूँ – जीवन में दुःख है और इन दुखों का अंत भी संभव है।"

बौद्ध धर्म के प्रचार-प्रसार के साथ, भिक्षुओं ने गुरु की भूमिका ग्रहण कर ली और शिक्षा का केंद्र गुरुकुल से हटकर बौद्ध मठ बन गया। इनमें से कुछ केंद्र विख्यात विश्वविद्यालय बने, जिनमें सबसे अधिक

प्रसिद्ध नालन्दा विश्वविद्यालय बना। संभवतः यह विश्व का विशालतम विश्वविद्यालय था, जिसमें, सातवीं सदी के चीनी यात्री ह्वेनसांग के अनुसार विभिन्न मतों और संस्कृतियों से आने वाले छात्र सख्त योग्यता-आधारित परीक्षा में उत्तीर्ण होने पर ही प्रवेश पाते थे। यहाँ पर नवदीक्षित भिक्षुओं को बौद्ध धर्म में प्रशिक्षण के अतिरिक्त वेद, दर्शन, तर्कशास्त्र, व्याकरण और चिकित्सा से संबंध विषय पढाये जाते थे। पंडित एवं धर्म-परायण भिक्षुओं के द्वारा चलाया जाने वाला यह सुप्रसिद्ध अध्ययन-केंद्र अंततः खँडहर में तब्दील हो गया और बौध्द धर्म भी प्रायः पूरी तरह से अपने मूल स्थान से गायब हो गया। यद्यपि पड़ोसी देशों में इसने जड़ें जमाई। शिक्षा के केंद्र के रूप में बौद्ध और जैनी अवधारणा मध्य यूरोप में ईसाइयत का भी एक अंग था। इस संकल्पना को अनेक हिन्दू आश्रमों और मठों ने भी अपनाया जहाँ ये शिक्षा के केंद्र के रूप में भी विकसित हुए।

उत्कृष्टतम भारतीय पद्धतियाँ, चाहे वह गुरुकल परम्परा से हों अथवा नालंदा विश्वविद्यालय से हों, उपनिषदीय अथवा बौद्ध प्रज्ञा पर आधारित मूल दार्शनिक सिद्धांत, भली-भांति प्रतिपादित थे। ऐसा माना गया कि मानवीय समस्या मूलतः मौलिक अज्ञान की है और जीवन तथा शिक्षा का परम उद्देश्य इस गहरे पैठे अज्ञान से मुक्ति पाने का है। यह अज्ञान अपनी प्रकृति तथा अंतरात्मा के सम्पूर्ण विश्व के साथ परस्पर संबंध के बारे में है। इंसान अनजाने ही स्वयं के संकीर्ण भाव से स्वयं को जोड़ने लगता है। गलत पहचान जीवन की सभी समस्याओं का मूल कारण है और यह हमें इस बात को समझने नहीं देता कि हमारी मूलभूत प्रकृति पहले से ही उत्तम है।

यह साधारण परन्तु गंभीर सत्य सम्पूर्ण प्राच्य ज्ञान का मूल आधार है। धर्मनिरपेक्ष ज्ञान जैसे – सांसारिक मुद्दों तथा विज्ञान से सम्बद्ध ज्ञान तथा कला का भी विकास हुआ। परन्तु सभी वैश्विक घटनाओं की क्षणिक तथा भ्रामिक प्रकृति कभी समाप्त नहीं हुई

आज, शिक्षा के उन मूलभूत सिद्धांतों की अनुपस्थिति सुस्पष्ट है।

जब अंग्रेजों ने भारत में अपना उपनिवेश स्थापित किया, तो उनकी यह सोच थी कि वे अज्ञान तथा अविकसित देश में 'सभ्यता' विकसित कर रहे हैं। रडयार्ड किपलिंग जैसे लोगों का यह भी मानना था कि पाश्चात्य साम्राज्यवाद के तहत यह उनका 'नैतिक दायित्व' तथा 'गोरों की जिम्मेदारी' के तहत जवाबदेही भी थी। जहाँ तक शिक्षा का प्रश्न है लॉर्ड मैकाले जैसे कईयों को तो इस बारे में कोई संदेह नहीं था कि "प्राच्य शिक्षा यूरोपीय शिक्षा से अत्यधिक निम्न स्तर की थी" और "एक अच्छे यूरोपीय पुस्तकालय का एक खाना भारत और अरब के समूचे देशज साहित्य के समतुल्य था"।

आज, पश्चिमी साम्राज्यवाद के कारण और उसके बावजूद, पश्चिमी मानकों के अनुसार भी भारत अविकसित देश से विकासशील देश की क़तार में आया खड़ा हुआ है। भारत की वर्तमान शिक्षा-प्रणाली प्रायः पूरी तरह से पश्चिम से आयातित है न केवल संकल्पना के स्तर पर, बल्कि विषय-वस्तु के स्तर पर भी। आश्चर्यजनक बात यह है कि शून्य से शुरू करते हुए भारत आई आई टी जैसे संस्थान पैदा कर सका है जो आज दुनिया के सर्वश्रेष्ठ संस्थानों में गिने जाते हैं।

परन्तु आज का 'सर्वश्रेष्ठ' प्राचीन काल के सर्वोत्तम (जैसे नालंदा विश्वविद्यालय) से काफ़ी हद तक भिन्न है। प्राथमिकताएं पूरी तरह से बदल गयी हैं और जिसे पूर्व में सर्वाधिक महत्वपूर्ण माना जाता था, आज की शिक्षा में उसका जिक्र तक नहीं है। अज्ञान दूर करने वाले गुरु का स्थान पंडित (विद्वान) ने ले लिया है। आज भौतिक जगत की तकनीकी चीज़ों के बारे में अत्यधिक जागरूकता है, साथ ही साथ मनुष्य के आतंरिक जगत के बारे में निरी अज्ञानता भी।

परन्तु मनुष्य केवल तकनीकी एवं यंत्रों के सहारे नहीं जी सकता। जैसा टॉमस मार्टन कहते हैं "हमें चाँद तक पहुँच जाने से क्या लाभ अगर हम खुद को खुद से दूर करने वाले रसातल को पार नहीं कर सकते।"

हम खोखले मनुष्य हैं,
हम भूसा भरे हुए मनुष्य हैं
हम साथ-साथ खड़े हैं
हमारे सर कूड़े से भरे हुए हैं।

टी एस इलियट

5

प्रबोधन की बाधाएं

जब हिटलर से जर्मनी में उसकी प्रचार-तंत्र की सफलता के रहस्य के बारे में पूछा गया तो कथित तौर पर उसने कहा था: "सच और झूठ के बीच में एक ही फर्क है कि आप उसे कितनी बार बोलते हैं।" इस सिद्धांत को प्रभावी ढंग से जान बूझकर और अनजाने समाज में प्रयोग में लाया गया, जिसके परिणामस्वरुप हम लोगों में भी अनेकों प्रकार के भ्रम उत्पन्न हुए हैं। झूठ को सच समझ लेने और मिथ्या को वास्तविकता समझ लेना ही भ्रम है। हम इसका प्रयोग जानबूझकर तब करते हैं जब असत्य को भली भांति समझते हुए भी हम झांसे में फंसते हैं। ऐसा सामान्य तौर पर होता रहता है। उदाहरण के लिए – विज्ञापन को लें। विज्ञापन बेचारे निरीह ग्राहकों को यह समझाता है कि उन्हें किसी वस्तु की कितनी अधिक आवश्यकता है, जबकि वास्तव में उस वस्तु के बिना उनका काम बड़ी आसानी से चल रहा होता है। हम खुद विज्ञापन का माध्यम बन जाते हैं, जब हम जब खुद भुलावे में रहकर बिना सोचे-समझे अपना भ्रम दूसरों तक फैलाते हैं। हमें अपनी माया से जागकर इन दोनों ही प्रकार के भ्रमों से स्वयं को मुक्त करना चाहिए।

एक दिन कोई छात्र, परीक्षा ख़त्म होने के बाद मुँह लटकाए मेरे पास आया। उसकी तबियत ठीक नहीं थी और स्पष्ट था कि उसका पेपर भी ठीक नहीं गया था। उसने मुझसे कहाः *"सर, पहले तो मुझे एग्ज़ाम में बैठना ही नहीं चाहिए था, क्योंकि मुझे बुखार था। अभी मेरे ग्रेड खराब हो जाएंगे।"* मैंने उसे यह कह कर शांत कराने की कोशिश कि जो होना था वो हो चुका है और अभी उसके बारे में सोचकर मूड़ खराब करने से कोई फायदा नहीं है। पर जब मूड़ ठीक ना हो तो तर्क काम नहीं करते। तब मैंने उससे कहा कि ग्रेड से भी बड़ी कुछ चीज़ें ज़िन्दगी में हैं। उसने सहमति में सर हिलाया, फिर भी वह बार-बार यही बोलता रहाः *"सर, पर मेरे ग्रेड ख़राब हो जायेंगे।"* तब मैंने उसे समय देते हुए यह समझाने की कोशिश की कि वह एक ग्रामोफोन की तरह व्यवहार कर रहा है जिसका रिकॉर्ड अटक गया है और वह बार-बार वही बजा रहा है जो उसके अन्दर प्रोग्राम किया गया है। यह सुनकर वह थोड़ा सचेत हुआ और उसका रिकॉर्ड बजना बंद हो गया। हमारी एक घंटे की मुलाक़ात के अंत में, वह काफ़ी हद तक संभल चुका था और वह यह सुविचारित बात बोलते हुए निकलाः *"मुझे यह अच्छे से समझ आ गया है। काफ़ी अच्छा लग रहा है। पर मुझे डर है कि जब मैं उस अंधी-दौड़ में शामिल होऊंगा तो मैं यह सब भूल जाऊंगा।"*

इन बच्चों के साथ सहानुभूति जताने के अलावा और कोई रास्ता नहीं है। ये स्वयं उस दवा के शिकार हैं जो उन्हें बचपन से ही दी जा रही है। बच्चों को शायद ही कभी उनकी नैसर्गिक अभिरुचि के अनुरूप कुछ भी करने को प्रोत्साहित किया जाता है। उन्हें उनके माता-पिता के द्वारा हमेशा यही बताया और सिखाया जाता है कि जीवन में सबसे बड़ा सद्गुण अच्छे नंबर पाना है। और उधर माता-पिता को यह दिमाग में ठूंसा जाता है कि अच्छे नंबर पाना जीवन में सफलता पाने के लिए परम-आवश्यक है।

भारत में मध्यम वर्गीय परिवार के बच्चों के ऊपर डॉक्टर अथवा इंजीनियर ही बनने का बहुत भारी दवाब है। और यदि प्रोफेशनल कॉलेजों में प्रवेश योग्यता के आधार पर नहीं मिलता है, तो उसे दूसरे

तरीकों से हासिल करने की कोशिश की जाती है। पेशेवर शिक्षा के प्रति इस सनक ने एक बड़ा उद्योग खड़ा कर दिया है, जिसके फलस्वरूप प्रवेश परीक्षाओं को पास कराने के नाम पर अनेकों कोचिंग सेंटर खुल गए हैं। इसके अलावा भी निजी पेशेवर शिक्षा प्रदान करने वाले कॉलेजों की बाढ़ सी आ गयी है, जहाँ वे छात्र प्रवेश लेते हैं जो उन प्रवेश-परीक्षाओं को उत्तीर्ण नहीं कर पाते हैं। आज-कल शिक्षा एक बड़ा व्यवसाय बन गया है।

खराब प्रदर्शन करने वाले छात्रों को इस पढाई और परीक्षाओं को झेलने में अधिक मुसीबतें होती है। उन्हें अपने माता-पिता से ताने सुनने पड़ते हैं। परिवार से बाहर और परिवार के अन्दर तुलना तो अवश्य ही होनी है और ख़राब प्रदर्शन करने वाले बच्चे को उसकी कमजोरियों का पूरा भान कराया जाता है। जब उनके माता-पिता उनसे कहते हैं कि: "तुम किसी भी काम के नहीं हो" तो वे खुद को ऐसा मानने भी लगते हैं। स्वाभाविक रूप से, इस अंधी दौड़ में सब तो नहीं जीत सकते। हारने वालों की संख्या जीतने वालों की तुलना में कई गुना ज्यादा होती है। इस प्रकार माता-पिता के इस मानसिक भ्रम के कारण समाज में काफ़ी बड़ी संख्या 'किसी काम के नहीं' छात्रों की हो जाती है।

तथाकथित 'विजेता' की भी स्थिति कुछ खास अच्छी नहीं होती है। उन्हें अपने बचपन के और उसके बाद के वर्षों का काफ़ी हिस्सा उस महत्वपूर्ण चीज़ को हासिल करने में चला जाता है, जिसे किसी और ने जीवन के लिए अत्यधिक महत्वपूर्ण बताया है। इस तनावपूर्ण प्रक्रिया में सीखने का आनंद शायद ही कभी छात्र को मिलता है। कुछ अधिक कुशल छात्र, इस प्रणाली को कम से कम प्रयास से पार कर जाने की कला सीख लेते हैं। मैं कई होनहार छात्रों को जानता हूँ जो 'कठिन' (बौद्धिक रूप से चुनौतीपूर्ण) पाठ्यक्रमों की बजाय 'आसान' पाठ्यक्रमों को केवल अच्छे अंकों के लिए चुनते हैं। अनेक छात्र जो

किसी भी कीमत पर अमेरिका जाने को उत्सुक (प्रोग्राम्ड़) हैं वे जान-बूझकर प्रायः उन स्पेशलाइजेशन की भी आहुति दे देते हैं, जिनके प्रति उनकी नैसर्गिक अभिरुचि होती है। ऐसे छात्र किसी भी स्पेशलाइजेशन के साथ कोर्स करने को तैयार रहते हैं। यह किस तरह की सफलता है? भ्रम की सफलता?

आज की शिक्षा काफ़ी हद तक डिग्री पाने का साधन भर रह गयी है, जिसे आजीविका, या यूं कहें कि कमाने-खाने के लिए आवश्यक माना जाता है। आजीविका पर यह जोर पूरी तरह से लाभकारिता पर जोर के साम्य में है, जो हमारे आधुनिक कारखानों को चलाती है। जो पश्चिम से आयातित हमारे आधुनिक विश्व-दर्शन पर आधारित है। आजीविका निश्चित रूप से जीवन-स्तर पर निर्भर करती है। हमारी आधुनिक उपभोक्तावादी संस्कृति, तथा सामाजिक रुतबा ऊँचा बनाए रखने की हमारी आवश्यकता, हमें अधिक से अधिक पैसा उन चीज़ों पर खर्च करने को मजबूर करती है, जिनके बिना हम भली-भांति गुजर-बसर कर सकते हैं।

इस प्रकार, सामाजिक ईकाई के रूप में हम अपना जीवन-स्तर सुधारने के लिए सभी संभव तरीके ढूँढने को बाध्य हैं। और हमारा परिवार कभी भी हमारे आय के स्रोत के बारे में कोई प्रश्न नहीं उठाता, जब तक कि पैसा आता रहता है।

भ्रष्टाचार की सडांध दिनों-दिन बढती जा रही है तथा नैतिक मूल्यों का ह्रास भी दिनों-दिन होता जा रहा है। इस सब ने समाज के सभी वर्गों को व्यथित किया हुआ है, जिसे कम करने में शिक्षा कोई भी योगदान नहीं कर सकी है। विडम्बना यह है कि उच्च शिक्षित लोगों के मुकाबले, मात्र-साक्षर लोग तुलनात्मक रूप से कहीं अधिक ईमानदार, कम स्वार्थी और कम धोखेबाज होते हैं। इस संबंध में थियोडोर रुज्वोल्ट ने कथित तौर पर कहा हैः “जो व्यक्ति कभी स्कूल भी नहीं गया हो

वह मालगाड़ी से कुछ चुरा सकता है; पर यदि उसे यूनिवर्सिटी शिक्षा हासिल है तो वह पूरी की पूरी रेल-पटरी चुरा सकता है।" कोई आगे यह भी जोड़ सकता है कि शायद वह उसकी सजा से बच भी जाए, क्योंकि एक कुशल वकील को पता है कि कानून को कैसे तोड़ा-मरोड़ा जाता है। शिक्षा ने इंसान को अनजाने ही और अधिक हेरा-फेरी करने वाला और धूर्त बना दिया है। कृत्रिम रूप से व्यक्तित्व को और सजाने से व्यक्ति अपने असली चरित्र से ही दूर होता चला जाता है।

आज की शिक्षा हमें आजीविका दे सकती है, पर आवश्यक नहीं कि वह हमें चरित्र भी दे।

स्वातंत्र्योत्तर भारत तथा विश्व के अन्य स्थानों पर नैतिक मूल्यों का ह्रास कई लोगों के लिए विशेष चिंता का सबब रहा है। शिक्षाविद प्रचलित प्रणाली में किसी प्रकार से नीति-ज्ञान प्रदान करने के विभिन्न तरीके खोज रहे हैं। ये अच्छे प्रयास हैं, परन्तु इसमें अनेक कठिनाइयां भी हैं। इन्ही नैतिक मूल्यों को हमारी बहुलवादी समाज के मिश्रित सरोकारों के अनुरूप धर्मनिरपेक्ष ताने-बाने में बुना जाता है। परन्तु ऐसा करना लक्षणों का इलाज करने जैसा है, रोग का नहीं। असली रोग भ्रम का कैंसर है और ऐसा लगता है कि शिक्षाविद भी इस कैंसर के मूल कारणों से बेखबर हैं।

यदि हमारे छात्र 'पूरी तरह से ना-तैयार' हैं, तो इसका कारण यह भी है कि हमारे शिक्षक भी उससे कम भ्रम में नहीं हैं। और शिक्षक के 'पूरी तरह से ना-तैयार' होने का कारण यह है कि उनसे अकादमिक पात्रता मात्र की उम्मीद की जाती है, जो प्रायः अंधी-दौड़ में उनके आगे होने की प्रामाणित योग्यता का प्रतिबिम्ब मात्र होता है। 'जाग्रत होना' कहीं भी चयन के लिए मापदंड नहीं बनता और नियोजक इससे बिलकुल भी अनजान बने लगते हैं। वास्तव में, इसे कहीं भी पाठ्यक्रम में शामिल तो नहीं किया जा सकता। जब शिक्षाविद स्वयं इस अंधी

दौड़ में फंसे हुए हैं, तो उनसे कैसे जागृति का वातावरण तैयार करने की उम्मीद की जा सकती है।

हमें आवश्यकता सिर्फ 'नैतिक शिक्षा' की नहीं है वरन् जागृति की भी है। आवश्यकता इस बात की है कि शिक्षक अपनी निजी जिंदगी में जाग्रत होने का महत्व समझें। बाकी सब कुछ अपने आप हो जाएगा। जागृत व्यक्ति अपने द्वारा किये जाने वाले सभी क्रिया-कलापों में जागृति की ऊर्जा फैलाएगा। निश्चित रूप से इसका मतलब उपदेश देना नहीं है। इस स्वच्छंद समाज में, बच्चे भी प्रवचन आसानी से नहीं सुनेगें। और ऐसा करना उचित भी है। फिर भी, हम आसानी से उन्हें यह सीधी-सरल बात समझने के लिए प्रेरित कर सकते हैं, कि हम जैसे भी हैं वैसे क्यूं हैं? हमारे खुद की प्रोग्रामिंग के बारे में समझना जाग्रत होने की दिशा में हमारा पहला कदम होगा। ऐसे विचारों के आरंभिक आंतरिक प्रतिरोध के बारे में समझ होना भी जाग्रत होने का ही एक हिस्सा है।

कई लोगों का ऐसा मानना है कि शिक्षा के इस पहलू पर ध्यान देने की जिम्मेदारी धर्म की है। परन्तु दुःख की बात यह है कि सुनियोजित धर्म इस अत्यंत महत्वपूर्ण पहलू पर ध्यान देने में नाकाम रहे हैं। वस्तुतः इसे सभी धार्मिक क्रिया-कलापों का केंद्र होना चाहिए था।

यह दुर्भाग्यपूर्ण परन्तु सत्य है कि शिक्षा की ही भांति धर्म भी भौतिक आवश्यकताओं को पूरा करने तथा भ्रम को प्रोत्साहित करने का साधन भर रह गया है। धर्म का पहला उद्देश्य अपने अहम् का सर्वव्यापी सत्ता के सम्मुख आत्मसमर्पण है जिसे वर्तमान में पूरी तरह से भुला दिया गया है। धर्म आज-कल केवल कर्मकांडी पूजा-पाठ तक रह गया है। 'ईश्वर से भय' को धार्मिक होना माना जाता है और यह बात नहीं समझी जाती कि कोई भी भय एक अस्वस्थ संबंध मात्र का ही आधार तैयार कर सकता है।

हममें से अनेक के लिए ईश्वर एक प्रकार के सामन्ती राजा हैं जिन्हें समय-समय पर पूजा जाना और प्रसन्न किया जाना आवश्यक है ताकि वह हमें जीवन में सभी सुख-सुविधाएं प्रदान करते रहें। दुर्भाग्यवश ऐसी पूजा हमारे मौलिक भ्रम को दूर करने में कोई मदद नहीं कर पाती, बल्कि यह हमारे अहम् के साथ हमारी मिथ्या पहचान को जोड़ती और पुख्ता करती है। ईश्वर के प्रति हमारी विभिन्न धारणाएं, नामों, स्वरूपों, पूजा के स्थान और प्रकार और धार्मिक श्रेष्ठता की हमारी झूठी और कभी-कभी कट्टर मान्यताएं, धर्मांतरण और पुनर्धर्मांतरण, सम्प्रदाय और उप-सम्प्रदाय, आदि दुर्भाग्यवश समाज में अनंत विवाद और झगड़े पैदा करने के अतिरिक्त अलगाव की भावना को भी उग्र करती हैं।

किसी जमाने में एक गुरु अपने उत्साही शिष्यों के साथ रहा करते थे। उन शिष्यों को लगता था कि उनके गुरुदेव सच्चे अर्थों में जाग्रतावस्था को प्राप्त कर चुके हैं। एक दिन, उन्होंने अपने शिष्यों को रविवार शाम पांच बजे एक कमरे में एकत्र होने को कहा। गुरु अपने शिष्यों को यह सिखाना चाहते थे कि आकाश के सबसे चमकीले तारे लुब्धक को कैसे पहचाना जाय। शिष्यों के इकट्ठा होने के बाद गुरु ने खिड़की की ओर इशारा करते हुए पूछाः "खिड़की की तरफ देखो और बताओ तुम्हे क्या दिख रहा है।" शिष्यों ने देखा और उत्तर दियाः *"गुरुदेव, हमें खिड़की की ग्रिल दिखाई दे रही है।"* गुरु ने कहा, "बहुत अच्छे?, अब खिड़की के उस पार देखो, तुम्हे क्या दिखता है।" शिष्यों ने देखा और जवाब दियाः *"गुरुदेव, हमें एक पेड़ दिखाई दे रहा है!"*

फिर गुरु ने कहा, "अब उस पेड़ की दूसरी शाखा को देखो और बताओ तुम्हे क्या दिख रहा है।" शिष्यों ने कहाः *"गुरुदेव, हम एक चिड़िया देख पा रहे हैं।"* फिर गुरु ने कहा, "बहुत सुन्दर! अब उस चिड़िया की दाहिनी ओर देखो और बताओ तुम्हे क्या दिख रहा है।"

छात्रों ने देखते हुए कहा, *"गुरुदेव हमें दो पत्तियाँ दिखाई दे रही हैं।"* गुरु ने कहा, "सुन्दर! अब उन दोनों पत्तों के बीच में देखो और बताओ कि तुम्हे क्या दिखाई दे रहा है।" छात्रों ने आश्चर्यचकित होते हुए कहा, *"गुरुदेव, हमें एक चमकता हुआ तारा दिखाई दे रहा है!"* गुरु ने अंत में कहा "प्रिय शिष्यों वही आकाश का सबसे चमकीला तारा है। अब तुम सब बाहर जाओ और बाकी तारों के बीच में उस तारे को ढूँढने की कोशिश करो जिसके बारे में मैंने तुम्हे अभी बताया।"

गुरु की मृत्यु के बाद शिष्यों ने उनकी शिक्षा को प्रचारित-प्रसारित करने का बीड़ा उठाया और उन्होंने यह सुनिश्चित करने की कोशिश की कि उनकी शिक्षा शब्दशः लोगों तक पहुँच सकें। पीढियां बीतती गयीं और उनकी शिक्षा की किताबें पूजा की वस्तु बन गयीं, जिनमें लिखे शब्द श्रद्धापूर्वक दुहराए जाते रहे। वह कमरा जिसमें उन्होंने अपना उपदेश दिया था वह एक तीर्थ-स्थान बन गया और वह खिड़की का ग्रिल और बाहर के सारे पेड़ श्रद्धा का केंद्र बन गए। हालांकि, कोई भी वह तारा नहीं देख सका था जिसके बारे में गुरु ने बताया था, रविवार को पांच बजे भी नहीं। परन्तु उससे कोई फर्क नहीं पड़ता था, क्योंकि गुरु और उनके शिष्यों ने यह दावा किया था कि तारा देखा जा सकता था और गुरु के गलत होने का तो कोई प्रश्न ही नहीं था। गुरु की महान शिक्षा का प्रचार-प्रसार करना, जिन्होंने तारा नहीं देखा हो वैसे अन्य धर्मावलम्बियों का धर्मांतरण करना और नकली गुरुओं के शिष्यों को पराजित करना जो यह दावा करते हैं कि उन्होंने तारा किसी और जगह से देखा है, ये सारे कार्य महान बन गए। परन्तु तारा देखने का काम कहीं पीछे छूट गया।

इस कहानी का सार अत्यंत शिक्षाप्रद है। आज धर्म अनेक ऐसे कर्मकांडों से भरा पड़ा है जिसका अर्थ शायद ही समझा जाता हो और इन कर्मकांडों का निष्ठापूर्वक (आँख मूंदकर) अनुपालन हमारे प्रबोधन में

एक बड़ी बाधा बन जाता है। अस्थिर लोगों के लिए यह कर्मकांड एक
आड़ बन जाता है। परन्तु यह एक एक ऐसा अवलम्ब है जिसका त्याग
आज नहीं तो कल, मष्तिष्क को स्वतंत्र करने के लिए आवश्यक है।
प्रायः धर्मांतरण कराना अथवा दूसरों को धर्मांतरण के लिए मनाना अपनी
मजबूरी समझने वाले ऐसा इसलिए करते हैं क्योंकि ऐसा करना उनकी
खुद की असुरक्षा के भाव को कम करने में मदद करता है।

परन्तु अनेक लोगों के लिए, कर्मकांड अर्थपूर्ण हैं और 'भक्ति का
मार्ग' वास्तव में एक ऐसा मार्ग है जिससे पूर्ण प्रबोधन संभव है, जैसा
विभिन्न धर्मों के अनेक संतों ने प्रतिपादित किया है। अंत में चाहे इसे
कोई बुद्धा-कांशसनेस, क्राइस्ट-कांशसनेस कहे या कृष्णा-कांशसनेस
कहे, उससे कोई खास अंतर नहीं पड़ता। फिर भी, अगर कोई नाम
को पकड़कर बैठ जाए और हम बनाम तुम की रेखा खींच के बैठ
जाए जैसा अक्सर होता है, ऐसे भ्रम का यह एक स्पष्ट प्रमाण है।
प्रबोधन का अर्थ बोध होना है और इसमें बौद्ध, हिन्दू, ईसाई और मुस्लिम
होने जैसा कुछ भी नहीं है।

प्रबोधन का अर्थ है एक सजीव एवं उदार मस्तिष्क, जो नाम पर
नहीं अटकता। नाम से जुड़ना और जोड़ना गलत नहीं है; नामों की
सीमाओं के ज्ञान का अभाव गलत है। कोई भी नाम किसी भी चीज़ का
वर्णन पूरी तरह से नहीं कर सकता है और यदि कर भी सके, तो यह
सभी चीज़ों में होने वाले परिवर्तन की व्याख्या नहीं कर सकता। हर
चीज़ अनूठी है और समय के साथ बदलती रहती है; एक मात्र चीज़ जो
स्थायी हो जाती है, वह है उस चीज़ के प्रति हमारा मानसिक विचार।
इसका अनुभव हम मुश्किल से ही कर पाते हैं। रोज़ की यात्रा में सड़क
किनारे हम अनेकों आम, कौवे या पेड़ को देखते हैं लेकिन हम उनके
आकार-प्रकार को कभी नहीं समझ पाते हैं। ठीक उसी प्रकार हम लोगों
से भी मिलते रहते हैं और उनके बारे में उनकी राष्ट्रीयता, धर्म, जाति,
रंग, आय आदि के सतही आधार पर अपना निर्णय सुनाते रहते हैं।

जब हम जाग्रत अवस्था को प्राप्त कर लेते हैं, तो हम अपने पूर्वाग्रहों
से भी ऊपर उठ जाते हैं और मस्तिष्क के द्वारा खेले जाने वाले अनंत

खेलों को भी समझ जाते हैं। परन्तु हम अपनी ही गलतियों को स्वीकार करने का सहस नहीं जुटा पाते हैं।

वर्तमान सभ्यता की एक और गंभीर बीमारी 'उत्पादकता' के प्रति हमारी सनक और उससे जुड़ा 'विकास' का हमारा भ्रम है। जैसा किसी ने कभी सच ही कहा है, "जोश अच्छी चीज़ है, पर सनक नहीं", क्योंकि सनक पक्षपात और असंतुलन को जन्म देती है। सतही तौर पर बहुमूल्य दिखने वाली चीज़ प्राप्त हो सकती है, परन्तु उसी समय हो सकता है उससे भी कीमती चीज़ खो जाय। इसी वजह से, इस तकनीकी युग में भौतिक तरक्की के प्रति हमारी सनक ने सभी प्रकार की समस्याएँ उत्पन्न की हैं। हम इतनी बेपरवाह तेज़ी से भाग रहे हैं कि जब तक हम रुक कर यह नहीं सोचते कि हम किधर और क्यूँ जा रहे हैं, तो सम्पूर्ण मानव-जाति का विकास जारी रखना अगर असंभव नहीं तो कठिन अवश्य ही हो जाएगा।

परन्तु गति के प्रति हमारी सनक अनियंत्रित है। हमारी मशीनों (कंप्यूटर समेत) के माध्यम से प्रकाश की गति से यात्रा करने की योग्यता तक पहुँच जाने से अधिक आनंदप्रद क्या हो सकता है? अपार उत्पादकता और प्राकृतिक संसाधनों के दोहन के माध्यम से पैसे पैदा करने से अधिक अद्भुत क्या हो सकता है? अनेक लोग अंधविश्वास की तरह यह विश्वास करते हैं कि 'समय ही धन है', फलतः काम के प्रति सनक को सम्मान के नज़रिए से देखा जाता है और 'कुछ नहीं करने को' निंदनीय समझा जाता है और उसे 'समय की बर्बादी' समझा जाता है। इसका एकमात्र अपवाद वह समय है जिसे हम ध्यान और योगाभ्यास में लगाते हैं, ताकि हम फिर से और अधिक ऊर्जावान, लाभकारी बन सकें। वास्तव में सच्चाई यह है कि अधिकतर व्यक्ति बिना कुछ किये रह ही नहीं सकते। उनका मस्तिष्क अपनी बेचैनी बोरियत के माध्यम से व्यक्त कर देता है।

अकादमिक जगत में, कोई विद्वान अगर सप्ताहांत समेत अपना सारा समय काम में लगाता है तो उसे 'रोल मॉडल' माना जाता है। उस व्यक्ति को और अधिक प्रशंसा मिलती है अगर कार्य के प्रति अपनी इस सनक से वह बड़ी संख्या में पेपर प्रकाशित कर लेता है। कॉर्पोरेट जगत में यदि कोई मैन्युफैक्चरर या सेल्समैन किसी खास अवधि में अच्छा करता है तो उससे यह उम्मीद की जाती है कि वह अगली बार इससे और बेहतर करेगा और उसके बाद और भी बेहतर करता रहेगा।

वर्तमान जगत में इस होड़ में बने रहने की आवश्यकताओं ने संगठन और कर्मचारियों के लिए कई तरह की अवसाद संबंधी समस्याएं पैदा कर दी हैं, जो अंततः उत्पादकता को प्रतिकूल रूप से प्रभावित करती हैं। ये कर्मचारी पूछते हैं: "अपनी भाग-दौड़ की ज़िन्दगी में तनाव को कम करने के लिए हम क्या कर सकते हैं जिससे हमारी कार्यक्षमता बढ़ जाए? और इस विश्वव्यापी मांग के जवाब में, नए युग की व्यापक विविधता वाले समाधान जहाँ-तहां प्रकट हो गए हैं। इन समाधानों की मार्केटिंग व्यापारिक प्रतिष्ठान सफलतापूर्वक कर रहे हैं। इनमें कई तरह के मैडिटेशन और ब्रेथ कण्ट्रोल थेरेपी जैसी तकनीक हैं, जो असरदार साबित हुई हैं। हालाँकि उनमे से कुछ एक कदम आगे बढ़ गयी हैं और (प्राचीन कथ्यों को समाहित करते हुए) आध्यात्मिक आयाम का दावा करती हैं, जिसके माध्यम से, ऐसा कहा जाता है, 'युनिवर्सल इंटेलिजेंस' और उसके बाद अकूत धन-दौलत समेत कोई भी इच्छित वस्तु हासिल की जा सकती है। ऐसा लगता है – कि ईसा की यह चेतावनी आज पुरानी पड़ गयी है – "कोई भी व्यक्ति ईश्वर और धन जैसे दो मालिकों की सेवा एक साथ नहीं कर सकता..."।

क्या हमें जगत की दोनों ही सबसे अच्छी चीज़ें एक साथ मिल सकती हैं: भ्रम में पड़े रहें और ज्ञान भी प्राप्त हो जाए? एक बौद्ध पहेली है जो निम्नांकित वाक्य की विसंगति की ओर इशारा करती है: जब एक किनारे पर नाव कस के बंधी हो, ऐसे में कैसे उस नाव को खेया जाय कि दूसरे किनारे पर जल्दी से पहुंच सके?

इसमें कोई संदेह नहीं है कि मानव जाति के रूप में मनुष्य ने आदिमानव की अवस्था से अभी तक असाधारण विकास किया है। परन्तु उतनी ही महत्वपूर्ण बात यह है कि इस बात को भी समझा जाए कि इस प्रक्रिया में हमने प्रकृति के साथ सामंजस्य और मेल के सन्दर्भ में कुछ अत्यंत कीमती चीज़ें खो दी हैं। नीचे लिखी कहानी इसे भली-भांति व्यक्त करती है।

न्यूयॉर्क में बसे एक अमेरिकी व्यापारी ने कुछ दिनों का विश्राम लेकर घूमने जाने का निश्चय किया। उसने दक्षिणी अमेरिका के अमेज़न बेसिन में एक सप्ताह आराम फरमाने का सोचा। प्रतिदिन वह स्थानीय गाइड की मदद से चारों ओर घूमता था। व्यापारी होने के नाते उसका दिमाग बार-बार मनोहर और सुन्दर वातावरण से निकलकर विभिन्न व्यवसायिक योजनाओं में लग जाता था। इसी प्रकार एक दिन बाहर टहलते हुए, उसने किसी प्रकार अपना तन ढंके एक देशज को खुबसूरत अमेज़न नदी के किनारे बैठे देखा, जो कहीं दूर देख रहा था। उसके पास में लकड़ी का गट्ठर रखा था जो शायद उसने अभी काटा था, उसका कांसे के रंग का शरीर पसीने से नहाया हुआ था। वह वर्षावन की अनंत वनस्पतियों से जुड़ा हुआ अपने चारों ओर के शांत जैविक जीवन का हिस्सा लग रहा था।

काफ़ी देर तक स्थिर रहने के बाद उसने अपने सामने के पानी को निहारा और तुरंत ही अपने दाहिने हाथ को घुमाते हुए पानी में छलांग लगा दी और एक मछली पकड़ ली। मछली थोड़ी देर तक उसकी मजबूत मुट्ठी में छटपटाती रही और उसने उसके मरने का इंतजार किया। फिर उसने चाकू से उसे काटा और धीरे-धीरे खाना शुरू किया, जो संभवतः उसका सुबह का नाश्ता था। खाने समेत उसकी सारी गतिविधि धीमी और संतुलित थी, जो उसके शांत तनावमुक्त ध्यान को दर्शा रही थी।

उस अमेरिकी ने यह सब दूर से देखा और उस देशज से मिलने गया। अपने दुभाषिये गाइड के माध्यम से उस देशज से बात की और उससे एक बार फिर से मछली पकड़ने का तरीका दिखाने का अनुरोध

किया। देशज थोड़ा हक्का-बक्का हुआ फिर भी उसने ऐसा किया। इस बार उसने और भी बड़ी मछली पकड़ी परन्तु जैसे ही वह मछली उसके हाथ में आई, उसने उसे वापस पानी में छोड़ दिया। व्यापारी ने पूछा, "तुमने मछली को वापस क्यों छोड़ दिया?" देशज ने उत्तर दिया: *"मेरा पेट भर गया है। तुम्हे भूख लगी है क्या?"* अमेरिकी ने कहा, "नहीं, नहीं?, परन्तु तुम इतने गुणी हो, यदि तुम इस तरह से मछली पकड़ो, मान लो चार मिनट में एक मछली, अगर तुम दिन में 6 घंटे भी काम करो तो एक दिन में तुम तकरीबन 100 मछलियाँ पकड़ सकते हो। और अपने समूह में तुम मदद के लिए और लोगों को शामिल कर लो तो यह संख्या और बढ़ जायेगी।" देशज अचकचा गया, उसने पूछा, *"पर क्यूं?"*, व्यापारी ने जवाब दिया, "देखो, मैं तुम्हारी मदद कर सकता हूँ और इससे तुम ढेर सारा पैसा कमा सकते हो।" देशज और भ्रमित हुआ और उसने पूछा, *"ये पैसा क्या होता है?.."*

हमें आगे नहीं पता कि कहानी का अंत कैसे होता है, परन्तु काफ़ी हद तक यह संभव है कि चतुर व्यापारी ने अपना काम कर ही लिया होगा और देशजों को समझाने में सफल रहा होगा। मानव-इतिहास ने कई ऐसे परिवर्तन देखे हैं और प्रायः सभी मामलों में आर्थिक लाभ के अतिरिक्त, इन परिवर्तकों का ऐसा मानना रहता है कि वे देशजों को पिछड़ेपन से निकालकर विकास की ओर तथा अंधेरे से निकालकर प्रकाश की ओर ले जा रहे हैं।

आज का युग मनुष्य के सोचने एवं उसके तर्क-शक्ति पर ही आधारित है। ऐसे युग में यह विश्वास कर पाना कठिन हो पा रहा है कि उसकी यही तर्क-शक्ति उसे विकास का उच्चतर स्तर हासिल करने में सबसे बड़ा रोड़ा हैं। फिर भी यदि आधुनिक 'सभ्य' मानव को वास्तविक तरक्की करनी है, तो उसे चेतना का वह आयाम पुनः ढूँढना होगा जिस तक आदिमानवों और पेड़-पौधों तथा जानवरों की पहुँच थी,

भले ही वो इस तर्कशक्ति से अनभिज्ञ रहे हों। प्रबोधन का अर्थ है उस आयाम की खोज जो मानव-जाति में अंतर्निहित है और जो प्रकृति तथा सार्वभौमिक सत्य के साथ संपर्क स्थापित कराती है।

प्रकृति युगों से रही है और इसकी गति आधुनिक इंसान की तेज़-रफ़्तार संस्कृति की तुलना में धीमी और संतुलित रही है। जब तक कि इंसान अपने इस भाग-दौड़ के बीच रूककर सोचेगा नहीं और अपनी गति धीमी नहीं करेगा, तब तक यह खोज कर पाना संभव नहीं होगा। फिर भी, भ्रमित मस्तिष्क जो भविष्य में अनंत संतुष्टि चाहता है, उसे यह समझ पाना कठिन होगा कि वर्तमान में एक अलग तरह की संतुष्टि छिपी हुई है – जो क्षणभंगुर नहीं है। यह चिरस्थायी है।

हममें से अधिकाँश भ्रम की स्थिति में रहते हैं। भ्रम ही उन्हें सुकून प्रदान करता है। परन्तु भ्रम से न तो वास्तविकता बदल जाती है और न ही इसका परिमाण।

इंसान अपनी पत्नी से प्यार करता है,
परन्तु पत्नी के लिए नहीं,
इंसान अपनी संतान से प्यार करता है
परन्तु संतान के लिए नहीं,
इंसान अपने ईश्वर से प्यार करता है
परन्तु अपने ईश्वर के लिए नहीं,
इंसान इन सबको प्यार करता है
परन्तु खुद अपने लिए!

बृहदरण्यक उपनिषद से

6

अहम् का जाल

"हर कोई अपनी पत्नी से प्यार करता है, प्रिये...!" यह पंक्ति संभवतः याज्ञवल्क्य ऋषि द्वारा अपनी पत्नी मैत्रेयी को लिखी गयी थी। ऐसा उपनिषद में लिखा है। अधिकतर लोग इस चरम धारणा से सहमत नहीं होंगे। इस प्राचीन उक्ति का सही अर्थ समझने के लिए थोड़े परिज्ञान की जरूरत है। इसका अर्थ यह है कि हर व्यक्ति का किसी दूसरे व्यक्ति के साथ संबंध पूरी तरह से आत्म-केन्द्रित होता है। अधिकांशतः कोई किसी को तभी पसंद करता है जब वह उसके अहम् को संतुष्ट करता हो। अहम् को उस सत्व के रूप में परिभाषित किया जा सकता है, जिससे कोई व्यक्ति स्वयं को जोड़ता है। इसे अद्वितीयता के सन्दर्भ में देखा जा सकता है और कहा जा सकता है कि यही अहम् एक व्यक्ति को दूसरे से भिन्न करता है।

गहरे अंतर्द्वंद के क्षणों में जब किसी संबंध से अहम् को प्राप्त होने वाला सुख, दर्द में बदल जाता है तो प्यार घृणा में बदल सकता है। हालांकि इस कड़वे सच को स्वीकार करने में किसी को परेशानी हो सकती है। प्यार बदले में कुछ मांगता है, यद्यपि यह संभव है कि शुरुआत में इसके बारे में पता न चले और इस प्रकार यह एक अलिखित व्यापारिक समझौते की ही तरह सशर्त हो सकता है। उदाहरण के लिए, वृद्धावस्था में माता-पिता अपने बच्चों से प्यार और सम्मान की उम्मीद

करते हैं और जब ऐसा नहीं होता है या उनकी आशा के अनुरूप नहीं होता है तो वे 'तिरस्कृत' महसूस करते हैं। जब ऐसे प्रेम का प्रदर्शन करने में आतंरिक प्रतिरोध हो तब प्यार कभी-कभी एक असह्य बोझ भी बन सकता है। उदाहरण के तौर पर – किसी लम्बे समय से बीमार व्यक्ति की कर्तव्य-बोध से सेवा करना। उसी प्रकार, यदि किसी की प्रेयसी किसी गंभीर बीमारी से जूझ रही हो या मृत्यु के करीब हो, तो वह व्यक्ति दुखी तो होगा, परन्तु यह दुःख इस विचार पर अधिक केन्द्रित होगाः "अब मेरा क्या होगा?"

कड़वा सच यह है कि अधिकतर लोगों के लिए, अपने खासमखास भी, यहाँ तक कि ईश्वर भी, काफ़ी हद तक अपने अहम् को संतुष्ट करने के साधन के रूप में काम आते हैं। इंसान ऐसे व्यक्ति के भले के बारे में सोचता है जो उसके अहम् को संतुष्ट करते हैं; वह उनके प्रति उदासीन रहता है जो उसके अहम् को संतुष्ट नहीं करते; और उनके प्रति प्रतिकूल रहता है जिन्हें वह अपने अहम् को चोट पहुंचाने वाला समझता है। सभी संबंध शर्तिया लगते हैं। कोई इंसान किसी व्यक्ति विशेष के बारे में भिन्न-भिन्न समयों पर उसके साथ उसके उस समय विशेष के समीकरण के अनुरूप प्यार, उदासीनता अथवा नफ़रत महसूस कर सकता है।

किसी-किसी को कभी-कभी एक दूसरे प्रकार के प्यार का अनुभव होता है, जिसमें कोई परिवर्तन नहीं होता और जो बिना शर्त होता है। परन्तु इस प्रकार के प्यार को व्यक्त करने और बनाए रखने के लिए, व्यक्ति को अपने अहम् के परे के आयाम को जगाना होता है।

असंख्य साधुओं द्वारा प्रमाणित, हमारी प्राचीन शिक्षा का मूल सन्देश यही है: *'आपका अहम् आप नहीं हैं, जैसा आपको लगता है और यह गलत पहचान ही हमारी सभी समस्याओं की मूल जड़ है। आत्म-परिचय तथा अंतिम मुक्ति से संबंधित गहरे तक पैठे अज्ञान से जाग जाओ'*, यही अवसर है।

ऐसा करना निश्चित तौर पर कहने से कहीं अधिक कठिन है। पहले तो, हममें से बहुसंख्य इस शिक्षा से पूरी तरह अनभिज्ञ हैं। जिस वजह से ऐसा होना दुष्कर भी लग सकता है। दूसरे, आधुनिक युग में, ऐसा कोई कारण नहीं है कि हम ऐसी शिक्षा ग्रहण करें जो आधुनिक विज्ञान अथवा मनोविज्ञान के द्वारा सत्यापित न की जा सके। तीसरे, उनमें से अनेक जिन्हें ऐसी प्रज्ञता का सैद्धांतिक ज्ञान है, आवश्यक नहीं कि जागृत अवस्था में ही हों।

क्योंकि, सबसे बड़ा प्रतिरोध खुद के अहम् से आता है और खुद को समझने वाला प्रत्येक व्यक्ति भली-भांति यह समझता है। आखिरकार, क्या अहम् से ऐसी उम्मीद की जा सकती है कि वह स्वयं का नाश इतनी आसानी से होने देगा?

बुद्ध की शिक्षा मानव दुखों की समस्या पर आधारित थीं, हालांकि हम यह पूछ सकते हैं, *"तो क्या?"* हममें से कई के लिए दुःख कोई बड़ी समस्या नहीं होगी, क्योंकि हम इसे किसी ऐसी दूरस्थ चीज़ से जोड़ते हैं जो हमें बहुत प्रभावित नहीं करती है। हम दुःख में होना केवल कुछ गंभीर मुद्दों पर ही स्वीकार करते हैं, जैसे – किसी प्रिय व्यक्ति की मृत्यु, प्रिय-जनों की असफलता इत्यादि पर। निश्चित तौर पर ऐसे लोग भी हैं जो प्रायः घर या ऑफिस के आपसी झगड़ों के नियमित दुःख को चुपचाप झेलते हैं। अन्यायी बॉस अथवा पत्नी, या सास प्रायः दोषी होती हैं और 'अहम्' पीड़ित की भूमिका ग्रहण कर लेता है।

परन्तु हम दुःख को थोडा व्यापक अर्थ में समझने की कोशिश करेंगे। जब कभी हम थोडी बेचैनी या उपेक्षा भी महसूस करते हैं तो हम दुःख में होते हैं। इस प्रकार जब भी कोई दुखी, भयभीत, क्रोधित, परेशान, कुपित, हताश, ईर्ष्या-भाव से ग्रस्त, आहत, बेचैन, उद्विग्न, क्षुब्ध, थका-हारा, वहमी या सिर्फ ऊबा भी हो तो वह दुःख में है। फिर कौन दुःख से परे होने का दावा कर सकता है? न केवल हम सभी दुःख में रहते हैं बल्कि बार-बार रहते हैं। हम न केवल खुली आँखों से दुःख झेलते हैं, बल्कि नींद में स्वप्न देखते हुए भी हम दुःख झेलते हैं। तथापि, इंसान अपने दुखों से पूरी तरह से मुक्त होने का उन कुछ क्षणों के लिए दावा कर सकता है जब वह गहरी नींद की चेतना-अवस्था में हो। जगने के बाद, इंसान यह याद कर सकता है कि दुखों से परे उन आनंदमयी घड़ियों में अहम् से भी मुक्ति मिली हुई थी। अन्यथा अहम् से घिरे होने पर दुखों से मुक्ति नींद में भी संभव नहीं है।

यह पढ़ने के बाद, अहम् तुरंत अपना विरोध दर्ज करा सकता है: *"तो क्या हुआ? यदि अहम् ही नहीं, ऐसा जीवन जीना बेकार है।"* हम अपने अहम्, अपनी पहचान और अपनी जीने की वजह को त्यागने की बजाय दुःख उठाते हुए अहम् के साथ जीना चाहेंगे। इसके अलावा, कोई व्यक्ति कोई ऐसा काम ही क्यूँ करे अगर वह उसके अहम् को संतुष्ट न करे या उसके अहम् को कोई लाभ न मिले।

मनुष्य का अहम् किन चीज़ों से मिलकर बना है? किसी की शारीरिक-संरचना, व्यक्तित्व, संपत्ति, सफलता और संबंध – ये चीज़ें किसी के अहम् को परिभाषित करती हैं। प्रत्येक समाज में, इन गुणों के साथ एक तरह की शक्ति का अर्थ जुडा होता है। उस शक्ति का मूल्य उस समाज-विशेष में प्रचलित आदर्शों पर निर्भर करता है।

आदर्श-प्रणाली की प्रकृति को समझने के लिए, यह देखना आवश्यक है कि किसी व्यक्ति के सच्चे शुभ-चिन्तक अपने अन्दर किस प्रकार

के गुण देखना चाहते हैं, सामान्य तौर पर वे अपने अहम् की शक्ति में वृद्धि चाहते हैं। पेशेवर ज़िन्दगी में वे सफलता की सीढियां जल्दी-जल्दी चढ़ना चाहते हैं। उदाहरण के लिए, अकादमिक संस्थानों में, गैर-शैक्षणिक कर्मचारियों द्वारा कनिष्ठ फैकल्टी का अभिवादन करना असामान्य नहीं है, "क्योंकि एक दिन वह विभागाध्यक्ष हो सकता है, डीन हो सकता है और अगर किस्मत ने साथ दिया तो निर्देशक भी"। यह सुनियोजित व्यवहार वर्तमान सामाजिक आदर्श को दर्शाता है। डायरेक्टर का महत्व प्रोफेसर से अधिक है, उसी तरह से प्रोफेसर का महत्व तकनीशियन से अधिक है। दुर्भाग्यवश, यह स्थिति कर्मचारियों को एक दूसरे को सामान्य इंसान की तरह नहीं देखने देती (जिनका कार्य अलग-अलग भूमिकाएँ अदा करना है) और श्रेष्ठता एवं हीनता की झूठी धारणाओं का निर्माण करती है। ये धारणाएँ समय के साथ और पुख्ता होती जाती हैं और यह झूठी धारणा भव्यता का भ्रम पैदा कर सकती है, जो परिस्थितियों से ठोकर मिलने पर और अधिक दुःख देती हैं।

अपेक्षाकृत युवा प्रोफेसरों के निर्देशक की कुर्सी तक पहुँच जाने के कई किस्से हैं। अपना कार्यकाल पूरा करने के बाद, बेचारा निर्देशक अपनी प्रोफेसर की पुरानी कुर्सी पर लौटने पर हीनता का अनुभव करता है। ऐसे लोग पुराने मित्रों से पुराने संबंध नहीं रख सकते हैं इसलिए उन्हें इस्तीफ़ा देना ज्यादा उचित लगता है। इस अंधी दौड़ में, सबसे आगे वाली कुर्सी पर पहुँचना ही ध्येय होता है। परन्तु ये पद अधिकतर अत्यंत ही अनिश्चित होते हैं। यदि इस अवश्यम्भावी को झुठलाते हुए कोई ऐसे पद से चिपके रहना चाहता है तो उसे प्रबल दुःख का अनुभव होना स्वाभाविक ही है।

अंततः, हममें से कुछ इस अंधी दौड़ और भौतिकवादी दुनिया को तुच्छ मान सकते हैं तथा हम यह सोच सकते हैं कि हम 'आध्यात्मिक' हैं और अपेक्षाकृत इस अहम् से मुक्त हैं। ऐसी सोच मात्र भी व्यक्ति को अहम् का बोध कराती है, जो भ्रम पैदा करती है।

जब कभी भी ऐसी घटना घटती है, जिसमें किसी व्यक्ति का अधिकार दूसरों की तुलना में बढ़ जाए तो उसका अहम् बढ़ जाता है। और इससे उसे अधिक खुशी और आत्म-तृप्ति मिल सकती है। ऐसी खुशी को हम अहम्-संतुष्टि कह सकते हैं। दूसरी ओर, संकुचित व्यक्तित्व अधिक दुःखदायी हो सकता है।

किसी की अहम्-संतुष्टि निरपवाद रूप से किसी दूसरे के लिए दुःखदायी अथवा उसके अहम् को चोट पहुंचाने वाली होती है। आत्म-संतुष्टि, कुछ हद तक मोमबत्ती की लौ की तरह, परिस्थितियों की हवाओं से जूझती, स्वाभाविक रूप से भंगुर होती है। नयी कार खरीदने या कोई प्रतिष्ठित पुरस्कार जीतने का रोमांच किसी पडोसी के और महंगी कार खरीदने या और बड़े पुरस्कार जीतने के समाचार से कम हो जाएगा। आत्म-संतुष्टि का रोमांच जितना ज्यादा होगा, अहम् के दुःख का दर्द भी उतना ही ज्यादा होगा। प्रायः आत्म-तुष्टि का एहसास कराने वाली वस्तुएं ही अहम् के दुःख का कारण बनती हैं। गर्व लज्जा में बदल सकता है और प्यार नफरत में। हम आत्म-तुष्टि प्रदान करने वाली चीज़ों से चिपके रहते हैं, जबकि अहम् को दुःख पहुंचाने वाली चीज़ों से बचते हैं।

अनेक सुखों और दुखों का परिणाम समुद्र की लहरों के उतार-चढ़ाव की तरह होता है। लहरें अनेक और अनंत हैं, जिनकी विस्तार और आवृत्ति अलग-अलग होती है। दरअसल समुद्र मानव जीवन की आधारभूत समस्या का प्रतिबिम्ब दर्शाने वाली आद्य-रुपीय छवि है (जिसे संस्कृत में संसार-सागर भी कहा गया है)। इसी प्रकार का एक अर्थ स्वयं को समुद्र की लहरों से जोड़कर देखने पर निकलता है – दोनों ही उस समय के ज्वार-भाटा के अनुरूप थपेड़े खाते हैं। बुद्धिमानी इस बात में है कि समुद्र की गहराइयों में उतरकर उसकी विशालता, असीमता और निःशब्दता की खोज की जाय जिससे बुनियादी स्तर के अहंकार की लहरों से निर्लिप्तता हासिल की जा सके एवं जिम्मेदारी के साथ आने वाली समस्याओं से बखूबी निपटा जा सके। लहरें तो हमेशा उठेंगी परन्तु यह भ्रम नहीं रह जाएगा कि उन लहरों में ही उसका पूरा व्यक्तित्व समाहित है।

मनुष्य अपने अहम् में हमारे अन्दर होने वाली विभिन्न प्रकार की प्रोग्रामिंग की वजह से फंस जाता है। उदाहरण के लिए, आज के भौतिक युग में उत्पादकता के प्रति सनक का अर्थ प्रत्येक व्यक्ति के द्वारा लाभकारी कार्य किया जाना है जिसके लिए जान-बूझकर और अनजाने में विभिन्न प्रबंधन तकनीकियों का सहारा लिया जाता है। ऐसी ही एक तकनीकी 'प्रोत्साहन और दंड' (कैरट एंड स्टिक) है जिसका व्यापक रूप से प्रयोग किया जाता है। काम करवाने के लिए प्रोत्साहन के रूप में 'कैरट' (अपने अहम् की संतुष्टि के लिए एक प्रेरणा) या 'स्टिक' दो (जिससे अहम् को चोट लगेगी और अहम् कम हो जाएगा)। ऐसा दृष्टिकोण, अत्यंत प्रभावी होने के बावजूद व्यक्तित्व को अहम् के साथ जोड़ता है।

इस प्रकार हम स्वयं को पूरी तरह इच्छा तथा भय के आधार पर हांकते हैं, जिसकी वजह से हम स्वयं को चेतना के अनंत रूप से विस्तृत प्रक्षेत्र में जाने से रोकते हैं। वास्तव में, अगर कोई ज्ञानी व्यक्ति हमसे यह कहे कि जीवन में संतुष्टि इच्छाओं और भय के बिना भी प्राप्त की जा सकती है तो इसे स्वीकार करना हमारे लिए असंभव होगा। यह काफ़ी कुछ 'कुँए के मेंढक' वाली कहानी जैसी स्थिति है।

निश्चित रूप से, हम सभी को अपने-अपने जीवन के किसी ना किसी मोड़ पर सृजनात्मक कार्य करने से संतुष्टि मिली होगी। यह संतुष्टि किसी प्रलोभन अथवा निरुत्साहन के लिए नहीं, वरन् उसे करने से प्राप्त होने वाली संतुष्टि की वजह से मिलती है। 'सीखने का आनंद' इसी का एक उदाहरण है। ऐसे कार्यकलाप, जो शांतिपूर्वक उत्कृष्ट तरीके से किये जाते हैं, उन कार्यों की महत्ता को महसूस करने के लिए दूसरों के प्रमाण-पत्र की आवश्यकता नहीं होती। वह आनंद वर्तमान में

उसी क्षण ही महसूस किया जाता है उसके लिए भविष्य में मिलने वाले पुरस्कार अथवा अभिस्वीकृति की दरकार नहीं होती। क्या ही अच्छा होता अगर हम अपने दैनिक जीवन का, अधिकतर नहीं तो कम से कम कुछ हिस्सा ऐसे कार्यकलापों में लगाते! क्या ऐसा संभव है?

हममें से अधिकतर ऐसा मानते हैं कि ऐसा संभव नहीं है। कुछ तो यह तर्क भी दे सकते हैं कि आगे बढ़ने के लिए पुरस्कार के लिए होड़ होनी चाहिए। पुरस्कार का मूल्य जितना अधिक होगा प्रदर्शन भी उतना ही अच्छा होगा।

ऐसे भ्रम के बारे में ताओ मनीषी च्वान्त्से कहते हैं:

जब कोई धनुर्धारी ऐसे ही तीर चलाता है,
तो उस वक़्त सारे हुनर उसके पास होते हैं।
जब वह कांस्य के लिए निशाना लगाता है,
तो वह पहले से ही घबराया होता है।
जब वह स्वर्ण पदक के लिए निशाना लगाता है,
तो वह अँधा हो जाता है,
या उसे दो निशाने दिखाई देते हैं –
उसकी मानसिक स्थिति बिगड़ जाती है!
उसके हुनर नहीं बदलते बल्कि इनाम उसे बाँट देता है।
वह निशाना लगाने की बजाय अपना ध्यान जीतने पर लगाये रहता है,
और जीतने की अदम्य लालसा उसे शक्तिहीन बना देती है।

मनोबल ऊँचा रखने के महत्व को आज के जमाने में भली-भांति समझा जाता है और वे व्यक्ति जो दूसरों को यह समझा पाते हैं उन्हें अच्छा प्रबंधक माना जाता है। मुस्कुराहट के साथ अभिनंदन करना, दूसरों की परेशानियों को धैर्यपूर्वक सुनना, यदा-कदा उनकी पीठ थपथपाना – इन्हें आज-कल अत्यंत महत्वपूर्ण एवं प्रभावशाली माना जाता है और वे 'इमोशनल इंटेलिजेंस' को दर्शाते हैं। तथापि, एक

निश्चित बिंदु के बाद, वे केवल भ्रम को बढ़ावा देते हैं, जिसे समझने में आधुनिक प्रबंधन विज्ञान असफल रहा है। यदि भ्रम से उबरना महत्वपूर्ण समझा जाता तो, हमें यह अवश्य समझना चाहिए कि ये सारी तकनीक केवल अहम् को जगाने के लिए हैं। व्यापक रूप से लोकप्रिय सिद्धांत, 'मैं भी ठीक और आप भी ठीक', उचित है अगर दूसरा ठीक होने का भ्रम स्वीकार करना चाहे। अन्यथा यदि हम प्रबोधन को महत्वपूर्ण मानें तो हमें इस तथ्य को बेहतर समझना होगाः मैं भ्रम में हूँ और तुम भी भ्रम में हो।

वास्तव में, भ्रम को समझना प्रबोधन का प्रथम चरण है। दुर्भाग्यवश, हम भरपूर कोशिश करते हैं कि हमें न जागना पड़े। जागने में हम जितनी देर करते हैं, हम अपने अहम् में उतने ही फंसते जाते हैं, परिणामस्वरूप जागना उतना ही दुःखकारी लगने लगता है। और इसीलिए, जब हमारा सामना परम सत्य मृत्यु से होता है तब भी हम भ्रम में पड़े रहना चाहते हैं। पुरानी प्रबंधन तकनीक का प्रयोग करते हुए हम मृत्यु शैया पर पड़े व्यक्ति से कहते हैंः "नहीं, नहीं, आप परेशान मत होइए। मौत के बारे में मत सोचिये। आप ठीक हैं। सब कुछ ठीक हो जाएगा।"

इस प्रकार हम नींद में चलते रहते हैं, जिसमें जब तक मृत्यु ना आ जाए, जगने की कोई इच्छा नहीं होती।

इंसान अद्भुत खूबसूरती से घिरा हो,
पहाड़ों, मैदानों और नदियों से ।
पर यदि वह इनमें जीता नहीं है
तो वह मनुष्य मृतक समान है ।

जिद्दु कृष्णमूर्ति

7

प्रबोधन की शक्ति

चिंतन का महत्व तो सदियों से स्थापित है परन्तु प्रबोधन का नहीं। प्रबोधन को दो स्तरों पर देखा जा सकता है इंसान की 'भीतरी' दुनिया के बारे में और दूसरे तथाकथित 'बाह्य' जगत के बारे में। यद्यपि गहन स्तर पर बाह्य और आतंरिक का भेद धुंधला होने लगता है। वास्तव में, प्रबोधन का स्तर इसकी गहराई और प्रबलता पर निर्भर करता है। हममें से अधिकतर को हमारे अंदर और हमारे आस-पास की चीज़ों के बारे में कुछ नहीं पता होता, या तो सतही तौर पर पता होता है। ऐसा इसलिए है क्योंकि हम हर समय अपने अहम् में ही फंसे रहते हैं। अहम् से कुछ हद तक मुक्ति आतंरिक और बाह्य दोनों स्तर पर प्रबोध ान के लिए आवश्यक है।

हमारे आस-पास की उदात्त सुन्दरता के बारे में प्रबोधन, बाह्य प्रबोधन का एक सुंदर उदाहरण है। गुरु कृष्णमूर्ति ने इसे अत्यंत ही प्रभावशाली ढंग से व्यक्त किया है। इसे बहुत ही कम लोग समझ पाते हैं। आतंरिक प्रबोधन अहम् की कार्यविधि समझने का एक सशक्त माध्यम है। प्रबोधन प्राप्त होने पर ही भ्रम के द्वारा पैदा किया गया मोटा आवरण छंट सकता है। अहम् की जूनूनी धारणा से मुक्ति मिलने के बाद, एक अद्‌भुत शांति का अनुभव होता है – एक ऐसा अवर्णनीय आनंद जो 'असीम सौन्दर्य' के प्रबोधन के समय महसूस होता है।

पहले हम बाह्य प्रबोधन के बारे में तथा अपने जीवन में उसकी कमी के बारे में चर्चा करते हैं।

जब कोई बच्चा रोता है तो उसे चुप कराने के लिए अलग-अलग तरीके अपनाए जाते हैं। बच्चे का ध्यान, किसी वस्तु विशेष जैसे चिड़िया आदि को इंगित कर, बंटाने की कोशिश की जाती है। हम बच्चे को कहते हैं: "वो देखो चिड़िया!" और बच्चा उसकी ओर देखने लगता है। वह कुछ मनोरंजक, कुछ जीवंत और नया देखता है। उसे जो भी दिखाई पड़ता है उससे मोहित होकर वह रोना भूल जाता है। पूरी जाग्रतावस्था में बच्चा उस चिड़िया में रम जाता है। वह किसी आनंदप्रद चीज़ के साथ एकाकार हो गया है, ऐसा कुछ जो वर्णन से परे है। इसे सम्पूर्ण जीवन का सार कहा जा सकता है।

यह अद्भुत है, पर यह कलाकारी छोटे बच्चे के साथ चलती है, एक-दो बार नहीं, बल्कि अनेक बार। जब बच्चा रो नहीं रहा होता तब भी ऐसा होता है। हर बार चिड़िये के प्रति बच्चे की समझ जग जाती है, उसे नयापन दिखाई देता है और वह उस अद्भुत जीवंतता का हिस्सा बन जाता है। परन्तु जब बच्चा बड़ा होकर 'प्रौढ़' हो जाता है, वह उस क्षमता को खो देता है। उस जीवंत चिड़िया की जगह एक निरर्थक ठप्पा ले लेता है।

जैसे-जैसे हम बड़े होते जाते हैं, हम और अधिक ठप्पे इकट्ठे करते जाते हैं और जीवंत वास्तविकता से संपर्क गँवा देते हैं। हम चीज़ों को पहचानते तो हैं, परन्तु वस्तुतः उन्हें देखते नहीं हैं। हम चिड़िया के गानों को सुनकर अथवा पेड़ के पत्तों के हिलने-डुलने को देखकर अपना समय बर्बाद नहीं करते। हम आकाश के निरंतर बदलते रंगों और मूड को देखने को नही ठहरते और ना तो हम झींगुर के अनंत तालबद्ध आर्केस्ट्रा को कभी सुनते हैं। हमें और अधिक महत्वपूर्ण (लाभकारी) काम करने हैं। लेकिन जब हमारे पास करने को कुछ नहीं है, तब भी हम

अपने चारों ओर की खूबसूरत ज़िन्दगी को देखकर उसका आनंद नहीं उठा पाते। हमने स्वयं को अनजाने ही अपने आस-पास की परिचित चीज़ों को नहीं देखने के लिए प्रशिक्षित कर लिया है। भले ही वे चीज़ें कितनी ही खूबसूरत अथवा निर्मल क्यों न हों। विचारों की अनंत श्रंखला हमें बंधक बनाए रखती है और हमारे ढोंग की यह मानसिक दुनिया हमारे आस-पास की आसन्न भौतिक वास्तविकता से बहुत दूर होती है। हम अपने आस-पास की सदा मौजूद सुन्दरता और निर्मलता को नहीं देख पाते हैं। हम सार से ही चूक जाते हैं।

हम अपने चारों ओर की जीवंतता को महसूस नहीं कर पाते हैं, इसलिए नहीं कि कोई जीवंतता है ही नहीं, बल्कि इसलिए क्योंकि हमारे अन्दर का कुछ मर गया है। या तो मर गया या हमारे जीवन में बहुत पहले ही सो गया और हमें इसका पता तक नहीं चला। किसी ने हमें यह नहीं बताया कि यह एक बहुमूल्य चीज़ थी जिसकी आवश्यकता हमें स्वयं को विकसित होने और स्वयं की समझ विकसित करने के लिए थी। अतः इस बहुमूल्य जीवन्तता को पकडे रखना चाहिए था।

'बच्चे की तरह' होना न केवल अद्भुत रूप से जीवंत रहना है, बल्कि निश्चिन्त, चंचल और निश्छल होना भी है। ये सारे सद्गुण हम प्रकृति, पेड़-पौधों और जानवरों में देख सकते हैं। ये सभी पूरी तरह से वर्तमान में जीते हैं। प्रत्येक कार्य – यहाँ तक कि तितली की अनियत लगने वाली उड़ान भी – सहजता की चाल, जीवन में खुशी की उड़ान है। आश्चर्य की बात नहीं है कि ऋषि-मुनि और कवि बाल्य-तुल्य भाव में पवित्रता का भाव महसूस करते हैं। बचपन पर लिखी अनेक कविताओं में से एक में वर्ड्सवर्थ ने लिखा है, "हमारे बचपन में ईश्वर वास करता है"। सभी छोटे बच्चों में हम देवत्व देखते हैं, इससे कोई फर्क नहीं पड़ता कि बच्चा सुख-सुविधाओं के बीच पला है अथवा अत्यंत गरीबी में। ईसा ने *"ईश्वर के साम्राज्य की पुर्नस्थापना के लिए"* छोटे

बच्चे की तरह होने की आवश्यकता बताई थी। सत्व जो हम अपने आरंभिक बचपन में देखते हैं, वह आध्यात्मिक अनुग्रह से भरा होता है। यह एक ठप्पा रहित, अप्रशिक्षित आध्यात्म है जो हमारे पास सहजतः आता है।

यह अद्भुत आनंद, जो सामान्य जीवंतता तथा इस अद्भुत संसार के प्रति समझ से मिलता है, सभी जीवित प्राणियों के लिए प्रकृति की ओर से उपहार है। यह एक ऐसा तोहफा है जिसे केवल वर्तमान में रहकर ही पाया जा सकता है। परन्तु किसी न किसी प्रकार से हम स्वयं के लिए इस तोहफे को मना करते रहते हैं। किसी प्रकार से, हमें यह समझा दिया गया है कि वर्तमान ही हमारे लिए काफ़ी नहीं है, हमें अपनी स्थिति में और सुधार की आवश्यकता है ताकि हम भविष्य में भी आनंद पा सकें। निःसंदेह सुधार के लिए अनेक कार्य करने की आवश्यकता है, परन्तु वर्तमान में हमें सामान्य जीवंतता का तोहफा मना नहीं करना चाहिए और इसे निरंतर बनाए रखने का प्रयास करना चाहिए।

अब हम अन्तः प्रबोधन के बारे में चर्चा करते हैं।

अन्तः प्रबोधन स्वयं को एक गवाह की तरह शांतिपूर्वक, तटस्थ भाव से, बिना अपने अभिमत के साक्षी और बिना हस्तक्षेप के देखने में है। यह प्रायः एक वैज्ञानिक पर्यवेक्षण की तरह है, परन्तु बिना किसी ठप्पे या सिद्धान्तीकरण के। प्रबोधन एक स्फूर्त क्रिया है, जो हमेशा वर्तमान में होती है। यह शायद ईश्वर की आँखों से खुद को देखने जैसा है – उस भगवान की आँखों से जो भयभीत करने और फैसला सुनाने वाले नहीं बल्कि एक सर्वव्यापी एवं दयालु भगवान् है।

सामान्य तौर पर हमारी चेतना, जानकारी के सम्पूर्ण अभाव से चित्रित होती है। हम अपने अंदर होने वाली प्रतिक्षण की घटनाओं के सम्पर्क में नहीं रहते हैं, क्योंकि हमारा ध्यान अनजाने में बाहर की ओर

लगा रहता है। 'कर्ता' को स्वयं को ध्यान के 'कर्म' के रूप में ग्रहण करने की सचेत प्रेरणा की आवश्यकता है। दरअसल यह तथ्य कि ऐसा होना संभव है, इस बात का प्रमाण है कि व्यक्ति की मौलिक वास्तविकता (कर्ता) स्वयं के अहम् (कर्म) से अलग है। यह कर्म विचार और भाव के रूप में प्रकट होता रहता है। जिस किसी भी समय अहम्, एक क्षण के लिए भी हमारे ध्यान से गायब होता है, उस क्षण व्यक्ति 'सम्पूर्ण सचेतन' की स्थिति में होता है। यही परम सत्य की स्थिति होती है। जिसका वर्णन हमारी प्राचीन शिक्षाओं में बार-बार मिलता है। खुद के अहम् को ध्यान की चीज़ बनाने के इस सद्गुण की खोज अन्तः प्रबोधन की शुरुआत है।

हालांकि, अहम् सामान्य तौर पर यह सुनिश्चित करता है कि यह प्रबोधन मस्तिष्क को प्राप्त न हो सके और इसलिए वह मस्तिष्क को सदैव निष्ठुर मानसिक क्रिया-कलापों में व्यस्त रखता है। हम किसी ऐसी चीज़ के अधीन हैं जिनके ऊपर हमारा बिलकुल ही नहीं या अत्यल्प नियंत्रण है। एकार्ट टोल अपनी व्यावहारिक किताब 'द पॉवर ऑफ़ नाउ' में लिखते हैं कि हम सड़कों पर कभी-कभी मिलने वाले उन तथा-कथित "पागल" से बहुत भिन्न नहीं हैं, जो हमेशा खुद से बडबडाते रहते हैं। हम जानते हैं कि प्रायः यह बार-बार दोहराई जाने वाली पूरी बडबड निरर्थक है। हम ऐसे लोगों पर दया का भाव रखते हैं, बिना इस बात को समझे कि हम भी यही काम करते हैं, बस थोड़ी कृत्रिमता के साथ। हमारी बडबड हमारे मष्तिष्क के भीतर छिपी हुई है, जिससे दूसरे उसे सुन नहीं पाते। ऐसा कोई तरीका नहीं है जिससे हम इस निरर्थक मानसिक क्रिया को बंद कर सकें। हम इस क्रिया में सोते समय और स्वप्न में होने पर भी, लगे रहते हैं। हमारे पूरी तरह से थकने के बाद ही हमारा सारा मानसिक शोर समाप्त होता है। उसके बाद ही हम गहरी नींद के कुछ आनंदप्रद क्षणों का सुख ले पाते हैं।

हम ऐसी बाध्यकारी मानसिक गतिविधि के प्रति इतने आसक्त क्यों हैं? हो सकता है कि अहम् को अपने समाप्त होने का डर सताता हो या अहम् को ऐसा महसूस होता हो कि उसका जीवन कठोर तथा प्रायः

'विचारहीन' क्रिया-कलाप से ही सुनिश्चित किया जा सकता है। इसे अपने खुद के अस्तित्व में गहरी असुरक्षा की भावना होती है। अहम् को अपनी मौजूदगी हमेशा किसी न किसी तरह से दर्ज करानी होती है। अहम् के कमजोर होने की स्थिति में, हमारा अभिज्ञान इस असुरक्षा को सामने ला सकता है। अहम् के द्वारा इन सबकी अभिव्यक्ति बोरियत, क्रोध, ईर्ष्या, दुःख और चिंता के रूप में होती है। ये प्रतिक्रियाएं भौतिक शरीर में विशेष लक्षणों के साथ आती हैं। दरअसल इन लक्षणों को पहचाने जाने की आवश्यकता है। मस्तिष्क कह सकता है कि *"मैं गुस्सा नहीं हूँ"*, परन्तु शरीर की प्रतिक्रिया झूठ को प्रकट कर देगी।

प्रबोधन के माध्यम से मनुष्य, अहम् के क्रियाविधि में हस्तक्षेप किये बिना या उसे नियंत्रित किये बिना, यह देखने की कला है कि वास्तव में हो क्या रहा है। यदि प्रबोधन प्रबल हो तो अवलोकन मात्र से भी परिवर्तन लाया जा सकता है। इसके माध्यम से व्यक्तित्व में आमूल परिवर्तन सा आता है। उसके बाद व्यक्ति खुद के निरंतर परिवर्तनशील विचारों और भावों से स्वयं को पूरी तरह से जोड़ कर नहीं देखता। बल्कि उसके दृष्टिकोण में परिवर्तन आ जाता है और वह अधिक विशाल आयामों से खुद को जोड़कर देखता है। स्वयं को वह शुद्ध चैतन्य से जोड़कर देखता है जिसकी पृष्ठभूमि में इन प्रवाहमान विचारों के बादल घुमड़ते रहते हैं।

उसके बाद, अहम् की असुरक्षा के स्पष्ट कारण के प्रति नित्य का प्रतिरोध और उसके विभिन्न रूप क्रोध, ईर्ष्या, चिंता अथवा भय कम होते जाते हैं और धीरे-धीरे प्रायः गायब हो जाते हैं। किसी को चालाक अहम् की हरकतों पर खुद ही मुस्कुराना भी आ सकता है। अचानक ही, मनुष्य तुच्छ बातों के प्रति उदासीन हो जाता है। उसे कोई फर्क नहीं पड़ता अगर कोई उसे 'मूर्ख' कह दे, क्योंकि वह समझने लगता है कि ऐसा मूर्खतापूर्ण व्यवहार कोई मूर्ख ही करेगा! वर्तमान को स्वीकार करते

हुए, अहम् हार मान लेता है और इन्सान को शांति और सुकून प्राप्त होने लगता है। चाहे वो कुछ भी हो, दोपहर की गर्मी हो या दुश्मन की पदोन्नति हो – अहम् जब तक वर्तमान वास्तविकता का प्रतिरोध करता रहता है, इन्सान को असुरक्षा की भावना होती रहती है और उस भावना से दुःख भी होता रहता है। परन्तु जिस क्षण व्यक्ति इस भावना के प्रति सचेत हो जाता है, यह चैतन्य प्रतिरोध (अहम्) को पहचान लेता है। इसके बाद पूर्ण अथवा आंशिक मुक्ति मिलती है जो स्वतंत्रता और सामंजस्य के अनूठे भाव के साथ राहत प्रदान करती है। यह मेकेनिक्स के आधारभूत सिद्धांत के अनुरुप है, जो कहता है 'जब कोई अवरोध छोड़ा जाता है तो प्रतिक्रिया स्वतः समाप्त हो जाती है'।

दूसरी ओर, चेतना की सामान्य स्थिति में कोई व्यक्ति प्रतिरोध जारी रख सकता है जिसके फलस्वरूप आतंरिक प्रतिक्रिया का निर्माण होता है। छोटी सी चिडचिडाहट एक भयानक क्रोध में बदल सकती है। अथवा यह आवेश खुद के भीतर दबा रहता है जिससे इंसान दिन भर अजीब सा महसूस करता रहता है और प्रायः अपना अवसाद वह दूसरों को देता रहता है। यह व्यवहार प्रायः दोहराया जाता रहता है। इन्सान स्वयं को वही अथवा उसी तरह का नाटक बार-बार करते देख सकता है, जैसा अनेक घरों में सामान्यतः होता है। लड़ने-झगड़ने वाले दंपत्ति में से यदि एक को भी बोध हो जाय तो उनकी पूरी ज़िन्दगी जादुई तरीके से बेहतर हो सकती है।

बोध होने पर व्यक्ति उसके खिलाफ भी घृणा के क्षण महसूस कर सकता है, जिसके साथ उसे लगता था कि उसे प्यार है। कोई भी व्यक्ति जो हमारे अहम् को अच्छा लगता है या उसे दुलराता है, लाड-प्यार करता है, वह उसके लिए अच्छा है। कोई ऐसा व्यक्ति जो हमारे अहम् को संतुष्ट नहीं करता या प्रश्न पूछने या रोकने की कोशिश करता है, अहम् को लगता है कि 'उस व्यक्ति के साथ सच में कोई

प्रॉब्लम है'। इंसान ऐसी ठेस को अपने अवचेतन मन में इकठ्ठा कर लेता है और समय आने पर वह 'बदला' लेता है। मस्तिष्क अपने अंदर संचित सभी बोझों का समयबद्ध निपटारा, प्रत्येक ऐतिहासिक विवरण के सजीव वर्णन के साथ करता है। यह व्यवहार दूसरे व्यक्ति को चकित कर सकता है (क्योंकि हो सकता है कि उस व्यक्ति का दुःख पहुँचाने का कोई अभिप्राय न रहा हो)।

बोध यह बताता है कि क्रोध की मूल वजह स्वयं के अंदर होती हैं; बाह्य परिस्थितियाँ उस क्रोधरत व्यक्ति के अहम् को व्यक्त करने का अवसर मात्र मुहैया कराती हैं। यदि किसी को बोध नहीं हो तो उसके लिए यह समझना भी प्रायः असंभव है कि दरअसल वह दुःख में है। अहम् की उग्र प्रतिक्रिया यह भ्रम पैदा करती है कि वह चीज़ें ठीक करके और दूसरों को पाठ पढ़ा के कोई बहुत बड़ा काम कर रहा है। इस सन्दर्भ में, बुद्ध का यह कहना था: "जब आपका घर जल रहा हो, तो क्या आप उस आदमी के पीछे दौड़ेंगे जिसने आपका घर जलाया है या अपने घर को बर्बाद होने से बचाएंगे?"

जागृत बोध होने के बाद यह अंतर्दृष्टि आती है कि सभी मानसिक दुखों का कारण स्वयं के भीतर ही है। तथापि, अधिकतर लोग यह समझ नहीं पाते और अपने अहम् के कारण बेवकूफ बनते हैं कि यह दुःख बाह्य कारणों से है। जागृत व्यक्ति को भी अहम् से उत्तर मिलता है और वह भी क्रोध और आघात का अनुभव कर सकता है, परन्तु दुःख की ये भावनाएं उस आधारभूत बोध को नहीं दबा पाती कि असली समस्या उस मनुष्य के स्वयं के अंदर ही है। बुद्धिमान व्यक्ति वह होता है जो अशांत व्यक्ति की प्रतिक्रिया पर भरोसा नहीं करता और उसके क्रोध के शांत हो जाने तक का इंतज़ार करता है। बोध जितना अधिक होगा, उतनी ही शीघ्रता से दुःख का भाव समाप्त होगा।

अपने अस्तित्व की अनिश्चितता से भयभीत अहम्, अनिश्चितता के द्वारा पैदा किये गए शून्य को और अधिक संपत्ति और व्यक्तित्व से भरने की कोशिश करता है। इससे इन्सान को समाज में अपना कद बढ़ने का दिलासा मिलता है, जो उसके अन्दर सुरक्षा और स्थायित्व का भरोसा पैदा करता है। मनुष्य *मेरा* बैंक बैलेंस, *मेरा* प्यारा घर, *मेरा* सुन्दर शरीर, *मेरी* सुन्दर पत्नी, *मेरे* अवार्ड-विनिंग पेटेंट, यूरोप की *मेरी* बेहतरीन यात्रा, *मेरा* आईआईटियन बेटा... जैसी भौतिक चीज़ों से अपने असुरक्षा के भाव को दबाने की कोशिश करता है। परन्तु यह सब ब्लैक होल को भरने जैसा है; कितना भी काफ़ी नहीं होता है और असुरक्षा का भाव फिर बार-बार उभर आता है। इंसान बोरियत से बचने के लिए वह सब कुछ करता है जो उसके जीवन में थोड़ी और चमक दे सके। लोग छुट्टियों पर जाते हैं, या अपने प्रेम-जीवन के साथ प्रयोग करते हैं। परन्तु आरंभिक रोमांच बहुत लम्बे समय तक नहीं टिकता और बोरियत और खालीपन कुछ और सनसनीखेज पाने की लालसा में फिर उभर आता है।

जीवन अचानक ही मनोरंजक हो जाता है जब कोई किसी की पत्नी के साथ भाग जाता है; और लोग ऐसी बातों के खूब मजे लेते हैं। लोग नाटक और गुप्त प्रेम संबंध खूब पसंद करते हैं – टीवी सीरियल और फिल्म इसी लालसा को पूरा करने के लिए ही बनाये जाते हैं।

अहम् दूसरों के सामने अपनी जो छवि रखने की निरंतर कोशिश करता है, आत्म-बोध उसकी पोल खोलता है। जब भी लोग मिलते हैं वो मिल नहीं रहे होते। यह मुलाक़ात विभिन्न प्रक्षेपित छवियों के मध्य होती है और एक बड़ा नाटक दर्शाया जाता है, जिसके अभिनेता यह समझ नहीं रहे होते (जब तक कि वे जाग्रत न हों) कि वे अभिनय कर रहे हैं। बोध निरंतर छवियाँ गढ़ने की इस मजबूरी से मुक्ति दिला सकता है और इंसान बिना किसी भय अथवा नाटक की आवश्यकता के 'स्वयं', 'आप' बना रह सकता है और यह नहीं सोचेगा कि वह मेरे बारे में क्या सोचेगा/गी! अहम् के महत्वपूर्ण व्यक्तियों की नज़र में अच्छा बनने और प्रतिद्वंदियों को बुरा दर्शाने के लिए किये जाने वाले अनेक प्रपंचों को बोध बेनकाब करता है।

तथा-कथित प्रतिद्वंदियों के साथ संवाद अत्यंत सारगर्भित हो सकता है। जब कोई अचेतन अवस्था में होता है तो वहां हमेशा जीत-हार की ही स्थिति रहती है। जब कोई 'जीतता' है, तो उस जीत की गर्मी में हमारा अहंकार कई गुना बढ़ जाता है और जब कोई 'हारता' है तो यह उसके 'आत्म-सम्मान' की हार होती है। अहम् की 'यह सही है' ऐसा साबित करने की जिद के अनुरूप तर्क गढ़े जाते हैं और किसी के द्वारा अपनी गलती स्वीकार करने को अहम् की पराजय के रूप में देखा जाता है। परन्तु, बोध को अमल में लाने से हमेशा सही साबित होने की विवशता समाप्त हो जाती है।

बोध का सदा प्रयोग आभासी अहम् से मुक्ति अवश्य दिलाता है। परन्तु यह आसान नहीं है। और बोध का अनुभव नहीं कर पाने वाले पहली आपत्ति यही जताएंगे: *क्या अहम् के नहीं रहने के बाद जीवन में जीने को कुछ रह भी जाएगा?*

क्या यह प्रश्न आपके मन में उठता है? क्या आप समझ पाते हैं कि ऐसा क्या है जो यह प्रश्न खड़ा करता है और ऐसा क्यों करता है?

चिड़ियाँ आकाश में खो गयी हैं,
अब आखिरी बादल भी दूर जा रहे हैं
मैं और पहाड़ साथ-साथ बैठे हैं,
जब तक पहाड़ हैं।

ली पो

8

मन का हल्कापन

ली पो के काव्यमय शब्द संक्षेप में तथा अद्भुत तरीके से बताते हैं कि किस प्रकार गहरा और प्रबल बोध अहम् को समाप्त कर देता है। कवि सचेतन अवस्था में आने वाले भावों की व्याख्या करने की कोशिश नहीं करते, क्योंकि इसे शब्दों में व्यक्त करना आसान भी नहीं है। यह एक अद्भुत आनंद है, एक ऐसा 'सूकून जो समझ से परे होता है।'

जब भी अहम् का मानसिक बोझ उतर जाता है, तो इंसान को एक हल्केपन का आभास होता है जो कि आनंददायक होता है। इसके विपरीत अहम् के साथ होने पर इंसान अनजाने ही एक बहुत बड़ा भार हमेशा ढोता रहता है। कभी-कभी यह चाल-ढाल और आचरण में दिखता है, खासकर उन लोगों में जो आडम्बरपूर्ण महानता के आदी होते हैं। यह भारीपन तब खासकर दिखता है जब कोई इन्सान किसी मानसिक अथवा भावपूर्ण बोझ के तले दबा हो अथवा उसके अहम् को चोट लगी हो।

अतः हल्कापन (लाइटनेस) हर्ष और उल्लास के साथ जुडा हुआ है। प्रकाश (लाइट) उस बुद्धिमत्ता के साथ जुडा हुआ है, जो अज्ञान के अंधकार को दूर भगाता है। ये दो अलग-अलग अर्थ एनलाइटनमेंट (प्रज्ञान) शब्द में निहित हैं, जो जागने का परिणाम है और जिसका अर्थ जागरूकता के प्रकाश से अहम् के बोझ को हल्का करना है।

डेकार्ट द्वारा 'तर्क के युग' के आरम्भ में तकरीबन चार सदी पहले व्यक्त किये गए विचार, "आई थिंक; देयरफॉर आई एम" (मैं सोचता हूँ, इसलिए मैं हूँ) को पश्चिम में अनेकों ने अत्यंत गहन बोध को दर्शाने के लिए प्रयोग किया है। परन्तु क्या इस विचार में कोई भ्रम नहीं है कि व्यक्ति की सोचने की क्षमता इंसान के जीवन की प्रकृति के बारे में बताती है। क्या होता है जब सोचना बंद हो जाता है? क्या वह इंसान जीवित नहीं रहता?

आध्यात्मिक गुरु इसके विपरीत कुछ कहते हैं और इस बात की ओर इशारा करते है कि सोच से ही इंसान सभी धारणाओं से परे, अपनी वास्तविक अन्तःप्रकृति को समझ पाता है। यह किसी को सोचने से नहीं रोकता और वास्तव में इंसान सामान्य विकर्षणों के बिना कहीं अधिक स्पष्टता और सजगता के साथ सोच सकता है। इसलिए जागृत व्यक्ति डेकार्ट के वाक्य को कुछ यूं बदलना चाहेगाः "आई ऍम." (मैं हूँ) और आगे यह भी जोड़ सकता हैः "आई केन ऑल्सो थिंक, वेन रिक्वायर्ड" (मैं जरूरत पड़ने पर सोच भी सकता हूँ)।

मैं हूँ की स्थिति को *बीइंग* (स्वाभाविक स्थिति) से जोड़ा जा सकता है, जबकि *बिकमिंग* अहम् से संचालित होने पर होने वाला अनुभव है। 'वर्तमान में जीना' *बीइंग* से जुडा हुआ है। अहम् के पास ऐसी स्थिति के लिए कोई जगह नहीं है और इसीलिए यह खुशी की खोज में हमें भविष्य में ले जाता है, जो वर्तमान में अनुपलब्ध लगता है। व्यक्ति जो कुछ भी है, उसके अलावा कुछ बनना चाहता है और यह प्रक्रिया कभी थमती नहीं। वर्तमान भविष्य तक पहुँचने का साधन मात्र है, जहाँ पर अहम् को लम्बे समय तक संतुष्टि मिलने की उम्मीद रहती है। कभी-कभी अहम् वर्तमान से निकलकर भविष्य नहीं बल्कि भूत की तरफ जाना चाहता है, जहाँ वह अपने मस्तिष्क में 'संग्रहित' अपने व्यक्तित्व से खुद को मजबूत करता है।

बिकमिंग की स्थिति हमारी चेतना की सामान्य स्थिति है। और यह बिकमिंग हमें अपनी उत्कृष्ट बीइंग (स्वाभाविक स्थिति) की स्थिति में जाने से रोकता है। बीइंग की स्थिति में पहुंचना प्रबोधन के बाद ही संभव होता है, जिससे हमारा जीवन स्तर सुधरता है। पूर्ण चेतन व्यक्ति के लिए, बीइंग की स्थिति नार्मल मोड होती है और इसी बिंदु से सारी क्रियाएं निर्देशित होती हैं। अहम् से मुक्त बीइंग (स्वाभाविक स्थिति) में, दुनिया के साथ ऐक्य का भाव आता है, रफ़्तार मंद हो जाती है और कभी-कभी मानसिक गतिविधियाँ रुक सी जाती हैं। इस स्थिति में ही सोचने की क्षमता का आवश्यकतानुसार सर्वाधिक प्रभावशाली और रचनात्मक ढंग से प्रयोग किया जा सकता है। दूसरी ओर, बिकमिंग की स्थिति में पूरा नियंत्रण अहम् के हाथों में होता है और मानसिक गतिविधियाँ सतत चलती रहती हैं। कभी-कभी ऐसा होता है कि कार्य करने का औज़ार होने की बजाय अनियंत्रित विचार इन्सान को अपना औज़ार बना लेता है। इस प्रकार मालिक स्वयं ही नौकर बन जाता है।

विचारों की अनंत श्रृंखला का वाहक कौन होता है? सोचने में खपने वाली ऊर्जा का स्रोत क्या है? वास्तव में, उस ऊर्जा का स्रोत क्या है जिससे जीवित शरीर में प्राण चलता रहता है? हृदय-गति कैसे चलती रहती है और कैसे शरीर की विभिन्न प्रणालियाँ चलती रहती हैं? उस ऊर्जा का स्रोत क्या है जो अन्य जीवों को चलायमान रखता है, अथवा उन तथाकथित 'निर्जीव' वस्तुओं की ऊर्जा का स्रोत क्या है जो कि ऊर्जा से भरी हुई हैं? वह क्या है जो दुनिया में ऊर्जा का निर्माण करता है, ऊर्जा को बनाए रखता है, ऊर्जा को नष्ट करता है और उसे विभिन्न रूपों में परिवर्तित करता है? यह ऐसा रहस्य है जिसे हम कभी भी नहीं समझ सकते। परन्तु जो समझ पाता है वह उसका निरंतर अनुभव करता रहता है। तब हम उसके प्रति श्रद्धा और आश्चर्य से भर जाते हैं।

नीचे जागरूकता के सामान्य अनुभव का वर्णन है जिसे कोई भी अपने निजी जीवन में अनुभव कर सकता है।

कोई अल सुबह पेड़ों पर बैठी चिड़ियों के गीत से जाग जाता है। वह प्रकृति के अभिवादन को सुनते हुए बिस्तर में ही पड़ा रहता है। दैनिक कार्यकलापों से जुड़े सैकड़ों विचार इस सुनने में दखल देते रहते हैं परन्तु उसे यह महसूस होता है कि यह अपना अहम् है जो अपने काल्पनिक अस्तित्व को जमाने की भरपूर कोशिश कर रहा है। वह मुस्कुराता है और विभिन्न चिड़ियों की मधुर आवाजें, गिलहरियों की भाग-दौड़ और पृष्ठभूमि में झींगुरों का सहगान सुनना जारी रखता है।

वह व्यक्ति जगता है, अपने चेहरे पर पानी के छींटे डालता है और सिहरन का अनुभव करता है। उसके बाद वह प्रायः अपनी पत्नी, बच्चे या मित्र के साथ टहलने जाता है। वह दूसरे का आनंद के यथार्थ भाव से अभिवादन करता है, या हो सकता है दूसरे का हाथ पकड़ता है अथवा चेहरे को सहलाता है। टहलने के दौरान शायद ही बात-चीत होती है। वह सुबह की ताज़ी हवा में साँस लेता है, वह सूर्योदय के साथ आस-पास के बदलते रंगों को देखते हुए, प्रकृति की ध्वनि और खुशबू को ग्रहण करता है। यदा-कदा मस्तिष्क में थोड़ी हलचल होती है और वह उसे नियंत्रित किये बिना उसे होने देता है।

जब वह टहलता है तो वह अपने पैरों के नीचे धरती की माधुर्य तथा उसे सहलाती हुई निकल जाने वाली हवा की कोमलता को महसूस करता है। उसके चाल-चलन में उछाल आ जाती है और उसे (बीइंग का) काफ़ी हल्कापन महसूस होता है। वह चिड़ियों के झुण्ड को आकाश में सहजता से उड़ते हुए देखता है। आकाश बेहद खूबसूरत दिखता है। यह किसी खूबसूरत जीवंत पेंटिंग की तरल ब्रश की कारीगरी की तरह रंग बदलता रहता है। काली टहनियों और हरे पत्तों के बीच से नीले आकाश को देखते हुए पेड़ों की सुन्दरता और बढ़ जाती है। उसने

यह नज़ारा सैकड़ों बार देखा होगा, परन्तु हर बार यह नया, ताजा और वास्तविक लगता है। सुबह की ओस से चमकती पेड़ों की पत्तियां हवा से फडफडाती और हिलती-डुलती रहती हैं और वह प्रकृति द्वारा भेजे गए अभिवादन को स्वीकार करता है।

अहम्-रहित विशुद्ध आनंद के उन क्षणों में, इंसान को अन्य सभी चीज़ों के साथ एक पवित्र जीवन, जीवंतता और ऐक्य का अहसास होता है।

इस प्रकार का अनुभव इंसान को स्वयं के अन्तःकरण तक ले जाता है, जिसमें अहम् का भाव, कुछ समय के लिए, नष्ट हो जाता है। यह हम सभी के लिए आसानी से सुलभ है, मुफ्त में उपलब्ध है और बिलकुल ही सस्ता है, हालांकि इसकी मार्केटिंग करने वाली कोई एजेंसी नहीं है। यह सच्चे अर्थों में इंसान का घर है, जहाँ वह दैनिक जीवन की हलचल और शोरगुल के बीच भी, जब चाहे, लौट के आ सकता है। इंसान को बीइंग (स्वाभाविक स्थिति) की अवस्था में वापस लौटने के लिए केवल अपनी खिड़की से बाहर झांकना है या अपनी सांस को ध्यान से देखना है, अथवा किसी भी चीज़ को (पेपरवेट भी हो सकता है) हल्के से सहलाना है।

बदलते मौसम में, चाँद का चढ़ना और ढलना, सूरज का उगना और अस्त होना और स्वयं, खुद के विचारों और सांस का ऊपर-नीचे होना यह सब देखकर, जीवन की यह सारी लय उसे समझ में आ जाती है। वह यह समझने लगता है कि जब मस्तिष्क उत्तेजित अहम् से मुक्त हो जाता है तो सांस लेने और सोचने दोनों की प्रक्रिया धीमी हो जाती है। स्वेच्छानुसार सांस धीरे-धीरे और गहरी लेकर मनुष्य स्वयं को शांत कर स्वाभाविक (बीइंग) स्थिति में लौट सकता है। यह प्रकिया तब खासकर लाभप्रद होती है, जब इंसान उत्तेजित हो।

हमारे गुरुओं ने ध्यान में गहरी सांस को एक अभ्यास के रूप में करने की हमेशा सलाह दी है। हर बार जब कोई गहरी सांस लेकर अपनी सांस बाहर छोड़ता है तो वह यह महसूस कर सकता है कि उसे रोजाना जल्दी-जल्दी सांस खींचने-छोड़ने की प्रवृत्ति से आजादी मिल रही है। उसे भौतिक चीजों के प्रति लगाव से मुक्ति मिल जाती है। दो विचारों के बीच के अंतराल की ही तरह, सांस लेने और छोड़ने के मध्य के अंतराल में इंसान समर्पण और शांति के भाव में आ जाता है। एक दिन, जो अभी से बहुत दूर नहीं है, यह शरीर मृत हो जाएगा और उसके बाद न कोई सांस अन्दर जायेगी और न ही कोई विचार, तब सब ठीक हो जाएगा।

निःसंदेह यह सब सुनकर अहम् अपना विरोध दर्ज कराएगाः *"उन अधूरे कार्यों के प्रति न सही, कम से कम तुम्हे अपने सगे-संबंधियों के कल्याण के प्रति चिंतित तो होना ही चाहिए!"*

'चिंता' अहम् का एक महत्वपूर्ण काम है, जिसके माध्यम से यह अपनी निरंतरता बनाए रखता है। चिंता से किसी का कभी भी कुछ भी भला नहीं होता। यह किसी भी समस्या का कोई हल नहीं दे सकता; दरअसल यह खुद में एक समस्या है। दूसरे, जब उत्तरदायित्वों को पूरा करने के लिए आवश्यक ऊर्जा समाप्त हो जाती है तो सभी उत्तरदायित्व भी स्वतः ही समाप्त हो जाते हैं। और अंत में, अहम् का कर्ता-धर्ता होने का भ्रम भी समाप्त हो जाता है।

पारंपरिक प्रज्ञा में कर्ता की धारणा के सन्दर्भ में कुछ अद्भुत उपमाएं हैं जो इस भ्रम का बखान करती हैं। उदाहरण के रूप में 'छिपकली की उपमा' – यह दिखाती है कि छिपकली यह सोचती है कि छत का पूरा भार उसने ही उठा रखा है। यह सोच कितनी बड़ी मूर्खता दर्शाता है। उसी प्रकार 'चावल-दाने' की उपमा हमें यह सिखाती है कि खौलते पानी में उछलता हुआ चावल का दाना अगर

यह सोचे कि वह ही इस अद्‌भुत गतिज ऊर्जा का उत्पादक है तो यह कितना बडा भ्रम है। परन्तु हमारा अहम् इसी प्रकार से व्यवहार करता है। यह इतना भी नहीं जानता कि इसके अपने पराधीन अस्तित्व के लिए आवश्यक ऊर्जा भी किसी अन्य स्रोत से आती है – एक अनंत, बौद्धिक और रहस्यमय स्रोत। दरअसल, अपने अंदर की सारी ऊर्जा लगाकर (विशाल समुद्र में छोटे से बर्तन जितना पानी उडेंलकर) अहम् उस पर अपना मालिकाना हक जताता है। इस संदर्भ में, यह देखना मजेदार है कि संस्कृत शब्द अहंकारम, जिसे आज-कल हेकड़ी के अर्थ में समझा जाता है, पर उसका शाब्दिक अर्थ 'अहम्+कार' (मेरे द्वारा किया गया) है। हममें से अनेक इस करने और अंहकार के बीच के व्युत्पत्तिक संबंध को नहीं जानते।

दुर्भाग्य से, वर्तमान सभ्यता को चलाने वाली शक्तियां प्रायः प्रत्येक क्षेत्र में कर्म के कर्ता होने के भ्रम को दृढ़ता से प्रोत्साहित करती हैं। 'बौद्धिक सम्पदा' का मुद्दा जो हाल में काफ़ी प्रमुखता से छाया रहा, इसी बीमारी की उपज है। हालांकि, प्रबोधन के माध्यम से इंसान को सूक्ष्म परस्पर-संबंधता तथा समस्त ब्रम्हाण्ड को चलाने वाली विशाल सत्ता की रहस्यमयी कार्य-पद्धति के बारे में महसूस कर इस मौलिक भ्रम से मुक्ति मिल सकती है। भ्रम से मुक्ति मिलने के बाद जीवन के बड़े-बड़े सपने अभी भी पूरे किये जा सकते हैं, बल्कि ये कहीं अधिक कुशलता से पूरे किये जा सकते हैं। परन्तु ये सपने अब भ्रम से प्रेरित नहीं रह जायेंगे और ये सपने इंसान के दैनिक जीवन की 'छोटी-छोटी चीज़ों से अधिक महत्वपूर्ण नहीं रह जायेंगे'।

जैसा ईसा कहते हैं: *"खेतों में लगी लिली को देखो, वे कैसे बढ़ती हैं; वह कठोर परिश्रम भी नहीं करती और न ही चक्कर खाती है।"* कोई यह भी कह सकता है, 'यह भी देखो उनकी मृत्यु कैसे होती है, समय पर, न कोई लगाव, न कोई दुराव और ना ही कोई पछतावा।

तुम क्या करोगे अगर तुम्हे किसी तरह यह पता चले कि तुम्हारी ज़िन्दगी का सिर्फ एक घंटा बचा है? क्या तुम आतंकित हो जाओगे और मृत्यु का भय तुम्हे सताने लगेगा।

तब तुम क्या करोगे जब तुम्हे उसकी जगह यह पता चले कि तुम्हारे पास जीने के लिए अभी समय है – एक दिन, एक महीना, या हो सकता है एक साल भी? क्या तुम आडम्बर करोगे, अपनी सारी कमाई उड़ाओगे और जब तक संभव हो सके जीवन की सारी अच्छी चीज़ों का उपभोग करोगे? या तुम अपनी किस्मत पर रोना-धोना शुरू कर दोगे और चिंता से ही मर जाओगे? अधिकतर 'जिम्मेदार' लोगों से यह उम्मीद की जाती है कि वे अपने ऊपर आश्रित लोगों के भविष्य के बारे में अत्यंत चिंतित हों। इस चिंता को भी सम्मान की दृष्टि से देखा जाता है। अगर संभव हुआ तो आप बहुत सारी जीवन बीमा खरीद लोगे? या आप अचानक से बहुत धार्मिक हो जाओगे? और अज्ञात भविष्य के वर्तमान भय के कारण, अपना बाकी सारा समय ईश्वर की भक्ति में लगा दोगे? ऐसा भय जिसे आपने जीवन में पहले कभी महसूस नहीं किया होगा!

या यदि आप अपना समय मृत्यु को समझने में लगा दो, तो क्या आप उस एक प्रश्न को अंततोगत्वा समझ पाओगे जिससे आप जीवन भर बचते रहे?

सच्चाई यह है कि कोई कभी भी मृत्यु का शिकार हो सकता है – एक घंटे में, एक दिन में, एक साल में या अभी से कई साल में – इंसान इस तरह की स्थिति का सामना करने के लिए पूरी तरह से ना-तैयार रहता है। परन्तु यदि मनुष्य बोध प्राप्त कर ले तो मौत भयावह नहीं लगेगी जो कि अभी लगती है। मौत जब भी आये इंसान को इसे ग्रहण करने के लिए, पतझड़ के समय में पेड़ से गिरने वाले पत्ते की तरह, निःशब्द गरिमा के साथ तैयार रहना चाहिए। यह समझ लेने के बाद इंसान उसी निःशब्द गरिमा के साथ अपना बाकी जीवन भी जी सकता है।

रेत के कण में दुनिया को देखने के लिए
और जंगली फूल में ईश्वर को देखने के लिए,
अनंतता को रखो हथेली में
और शाश्वतता को समय में।

विलियम ब्लेक

9

जीवन की छोटी-मोटी बातें

संसार में भले ही चारों ओर अव्यवस्था फैली हो, फिर भी, विरोधाभासी ढंग से, सब कुछ अपनी जगह पर है। ऐसा सुनने में अजीब भले ही लगे, फिर भी, ज्ञान प्राप्त होने के बाद इंसान को ऐसा ही महसूस होता है। वह न केवल बाह्य जगत के स्पष्ट विरोधाभास से अवगत होता है, बल्कि अपने खुद के अन्दर के विरोधाभास से भी। सतही तौर पर मनुष्य भले ही अन्य स्थित हो, परन्तु अजीब बात यह है कि व्यक्ति के मन की गहराई में अंदर अद्‌भुत शांति तथा अनुशासन का भाव होता है और ऐसी पूर्णता अपने चारों ओर प्रकृति में भी देखी जा सकती है।

इंसान आम जंगली फूल और सामान्य कौवे में भी गरिमा देखता है। उसे इन सभी प्राणियों और बाकी चीज़ों के साथ एक अद्‌भुत संबंध महसूस होता है। वह छोटी सी ओस की बूँद में भी संसार को देख सकता है। इंसान यह महसूस कर सकता है कि उसकी नसों में बहने वाला खून, पेड़ों के अन्दर बहने वाले अर्क से भिन्न नहीं है। यह वही ऊर्जा है, वही जादुई जीवन-शक्ति, वही निराकार तत्व सभी स्वरूपों में विद्यमान है। वह तत्व कभी नहीं मरता, यद्यपि उसका बाह्य स्वरुप बदलता रहता है और अणु, प्रकृति के नियम के अनुरूप स्वयं को पुर्नव्यवस्थित करते रहते हैं।

प्राचीन समय में हमारे ऋषि-मुनियों तथा आधुनिक काल के भौतिकशास्त्री हमें बताते हैं कि दरअसल सब कुछ परस्पर जुडा हुआ है और स्थान और समय में मौजूद सभी तत्वों के सहयोग के बिना कुछ भी होना संभव नहीं है। किसी भी घटना का होना, जटिल वैयक्तिक एवं सामूहिक कार्मिक बलों का परिणाम है। चीज़ें जैसी हैं वैसी हैं, क्योंकि हम जैसे हैं वैसे हैं। बाह्य स्तर पर हम ऐसा कर सकते हैं और उस स्तर पर हमें सभी चीज़ों को ठीक करने का प्रयास करना भी चाहिए, परन्तु हमेशा ऐसा करना संभव नहीं है। फिर भी, आश्चर्य की बात है कि हमारे आंतरिक स्तर पर चीज़ों को सही करने की कोई आवश्यकता नहीं है; वहां पहले से ही अद्‌भुत शान्ति और समरसता है। अधिक महत्वपूर्ण बात यह है कि व्यक्ति को मौलिक प्रज्ञा की कार्य-शैली का ज्ञान हो जाता है, जिसे सामान्य मानव बुद्धि से नहीं समझा जा सकता।

जीवन में बड़े-बड़े सपने देखने में कोई बुराई नहीं है, परन्तु उन्हें उचित परिपेक्ष्य में देखना बुद्धिमानी है। भविष्य के बारे में योजना बनाने में कोई बुराई नहीं है, परन्तु यह पहचानना आवश्यक है कि योजना के भेष में कहीं वो हमारी चिंता न हो। सोचने में भी कोई बुराई नहीं है, परन्तु यह समझना भी आवश्यक है कि सोचने के बहाने से वह हमारी बाध्य मानसिक गतिविधि तो नहीं है। किसी के बारे में राय बनाने में भी कोई बुराई नहीं है, परन्तु हमें मानसिक अवस्था की तटस्थता भी सुनिश्चित करनी चाहिए।

क्रोध और ईर्ष्या में भी कोई बुराई नहीं है, परन्तु यह निश्चित करना चाहिए कि ये व्यक्ति के दुःख की अभिव्यक्ति मात्र हों। कर्मकांडी पूजा-पाठ से भी कोई समस्या नहीं है, परन्तु कर्मकांड का सही अर्थ समझना आवश्यक है। ईश्वर में विश्वास नहीं करने में भी कोई बुराई नहीं है परन्तु यह भी देखना चाहिए कि अविश्वास भी एक तरह का विश्वास ही है। बातें गोपनीय रखने या झूठ बोलने में कोई बुराई नहीं है परन्तु यह महसूस करना आवश्यक है कि संभवतः एक सर्वव्यापी खुफ़िया हर जगह मौजूद है। अतः निजता की धारणा एक मिथ्या है।

महत्वपूर्ण व्यक्ति बनने की सोचना कहीं से गलत नहीं है, परन्तु भ्रम को पहचानना भी आवश्यक है। बाह्य जगत में संतृप्ति खोजने में कोई बुराई नहीं है, परन्तु यह ध्यान रखना आवश्यक है कि असली संतुष्टि आतंरिक जगत में ही मिल सकती है। ईसा के शब्दों में: *"ईश्वर का साम्राज्य तुम्हारे भीतर ही है।"* कबीर की निम्न वाणी इसी प्रज्ञा की एक सारगर्भित अभिव्यक्ति है:

कस्तूरी कुंडली बसै, मृग ढूँढे बन माहिं
ऐसे घट-घट राम हैं, दुनिया देखे नाही।

(कस्तूरी तो हिरन के अन्दर ही बसी होती है, परन्तु उसे खोजने के लिए हिरन जंगल भर भटकता रहता है, उसी प्रकार से ईश्वर भी कण-कण में मौजूद हैं परन्तु दुनिया उसे न जाने कहाँ-कहाँ ढूँढती रहती है)

परन्तु निश्चित रूप से, अत्यंत बलवती इच्छा वाले व्यक्ति को यह सब बातें उतनी समझ में नहीं आएँगी। इस चीज़ को समझने से पहले हो सकता है उसे बहुत घूमना-फिरना पड़े। दूसरे लोगों के लिए, जिनकी इच्छाएँ सीमित हैं और जो अपनी चेतना में बोध का प्रकाश लाने में सफल हों, उन्हें सफलता जल्दी मिल सकती है। तथापि, भ्रम तो बना ही रहेगा और इंसान को 'दुनिया में रहना, परन्तु दुनिया के लिए नहीं रहना' के बीच संतुलन बनाना सीखना होगा। प्रत्येक परिस्थिति दो वैकल्पिक रास्ते दिखाती है: भ्रम का मार्ग और दूसरा प्रबोध का मार्ग। इंसान भ्रम वाले मार्ग पर भटकने लगता है क्योंकि दुनिया का अचेतावस्था का मार्ग यही है, परन्तु निरंतर बोध तथा मन के हल्केपन का प्रत्यक्ष अनुभव मुक्ति का मार्ग दिखाता है।

वर्तमान में बहुत सी खामियां हो सकती हैं, परन्तु वास्तविकता को स्वीकार करने में ही समझदारी है और उस कार्य को पूरा करो, जिसकी

जिम्मेदारी आपको मिली हुई है। यदि किसी कौशल अथवा ज्ञान को ग्रहण किये जाने की आवश्यकता है तो जागृत व्यक्ति अपने सोचने की क्षमता का उपयोग करके तुरंत उस पर अमल करता है और ऐसा करना अत्यंत आनंदप्रद भी होता है। विभिन्न कार्यों के अंतराल में मनुष्य मन के हल्केपन के बीच आराम करने की कला भी सीख लेता है, जिससे उसकी कार्य-कुशलता बढती है और कार्य में रचनात्मकता भी आती है। वास्तव में वह तब ऊर्जा के सभी स्रोतों को निरंतर समझता रहता है और वह अहम् के न्यूनतम हस्तक्षेप से अपने काम निपटा पाता है।

जागृत होने पर, इंसान संसार के 'प्रलोभन और दंड' की नीति से मुक्त हो जाता है और इसलिए उसे अपना कार्य करने के लिए आम प्रलोभन की ज़रूरत नहीं पड़ती। परिणाम के बारे में चिंतित हुए बिना इंसान पूर्ण संतुष्टि के साथ काम करता है। यह नीति परिणाम की गुणवत्ता को बढाता है। किसी को सांसारिक सफलताएं मिल सकती हैं, परन्तु बोधित व्यक्ति के लिए यह एक 'लबादे की तरह है, जो इंसान के कंधे पर पड़ा रहता है'। चीज़ें कभी-कभी गलत भी हो सकती हैं, तथापि बोधित व्यक्ति उन्हें शांतिपूर्वक और गरिमापूर्वक तरीके से स्वीकार करता है और अनुभवों से सीखने की कोशिश करता है। उसे अपने दिल की बात कहने में कोई डर-भय नहीं होता परन्तु वह खुद की मानसिक स्थितियों को खुद पर हावी नहीं होने देता। गलती करने के बारे में चिंतित नहीं रहता, और जिम्मेदारियों से नहीं भागता। वह यह महसूस करने लगता है कि वर्तमान की वास्तविकता को स्वीकार नहीं करने से ही दुःख मिलते हैं।

इन सबसे बढ़कर, इंसान खुद के प्रबोधन में, दुःख की महत्वपूर्ण भूमिका को समझता है। यह शरीर में दर्द जैसा हैः एक संकेत कि स्वास्थ्य में कुछ गड़बड़ है। दर्द स्वयं के ही अंदर होता है, इसलिए खुद की चीज़ों को खुद ही 'ठीक करना' होता है। कोई दूसरा हमारी

समस्या नहीं सुलझा सकता। छोटी सी चिढ का भी कोई न कोई कारण होता है। जाग्रत व्यक्ति वह है जो इस चिढ का कारण समझ लेता है। जाग्रत व्यक्ति वह है जो अपनी समस्याओं के मूल कारणों को जानता है और अहम् के द्वारा किये जाने वाले हेरफेर के प्रति सतर्क रहता है, ताकि अहम् चोर दरवाजे से भी अन्दर न आ सके।

जाग्रत व्यक्ति अहम् के तथ्यों के चारों तरफ काल्पनिक कहानियां बुनकर, उनका भावार्थ निकालने की स्वाभाविक प्रवृत्ति के प्रति सतर्क रहता है। ये कहानियां अहम् के 'निर्णय' का प्रतिबिम्ब होती हैं और इसके भय और इच्छाओं को अभिव्यक्त करती हैं। इन निर्णयों में कुछ हद तक सच्चाई हो सकती है, परन्तु जाग्रत व्यक्ति इन्हें तटस्थता और संवेदना के साथ देख पाता है।

हम न जाने कितनी बार इस बात से आहत हो जाते हैं कि किसी ने किसी आमंत्रण का जवाब तक देने का 'शिष्टाचार' नहीं दिखाया, या किसी तरफदारी के लिए कॉल नहीं किया और न ही उसके लिए आभार प्रकट किया। जाग्रत व्यक्ति ऐसे व्यवहार से आहत नहीं होता, क्योंकि वह यह समझ पाता है कि यह अहम् का यंत्रवत उत्तर है और वह उस व्यक्ति की जगह खुद को रखकर देख पाता है। जब तथाकथित गंभीर किस्म का भी अपराध सामने आता है तब भी वह तथ्यों को स्वीकार करता है और उचित प्रत्युत्तर देता है, परन्तु वह उत्तर बदले की भावना से ग्रस्त नहीं होता है। कभी-कभी सबसे उपयुक्त जवाब, प्रकृति के न्याय पर भरोसा करते हुए कोई जवाब नहीं देना, होता है। जाग्रत व्यक्ति यह भली-भांति जानता है कि सभी अपराधों का मूल अज्ञान है और इस प्रकार यीशु की उक्ति का अनुसरण करता है: *"उन्हें माफ़ कर दो, वे नहीं जानते कि वे क्या कर रहे हैं।"*

दुःख झेल रहे व्यक्तियों के लिए जाग्रत व्यक्ति बहुत मददगार हो सकता है। दुःख झेल रहे व्यक्ति की प्रौढ़ता और उसकी मानसिक स्थिति पर उसका परामर्श निर्भर करता है। दुःख झेल रहा मनुष्य सामान्य तौर पर सांत्वना और उसकी चेतना पर लगी चोट के लिए थोड़े मलहम की अपेक्षा रखता है। परन्तु सांत्वना के शब्द और कार्य केवल अस्थायी राहत देते हैं और अहम् के गहरे पैठे भ्रम का दुःख बार-बार उभर आता है। बोधित परामर्शदाता जहाँ कहीं भी संभव हो इस वास्तविकता को समझाने की कोशिश करेगा। निश्चित रूप से, यह हमेशा संभव नहीं है और जब 'अज्ञानता परमानंद है' वाली स्थिति है तो 'बुद्धिमान होना बेवकूफी है'।

बोध के आनंद का स्वाद चखने के बाद, व्यक्ति यथासंभव, इसे दूसरों तक पहुंचाने की कोशिश करता है। जिस प्रकार अहम् में डूबा व्यक्ति आवश्यक रूप से दूसरों पर आरोप थोपने की कोशिश करता है। ठीक उसी तरह से अहम् से मुक्त बोधित व्यक्ति दूसरों को मुक्ति दिलाता है। निश्चित तौर पर, मुक्ति बाह्य रूप में नहीं दी जा सकती, इसे अन्तः बोध से जगाने की आवश्यकता होती है। तब व्यक्ति स्वीकृति (वर्तमान वास्तविकता की) तथा आत्म-समपर्ण (अहम् के इच्छाओं का) की शक्ति प्राप्त करेगा। तत्पश्चात वह अपने स्वयं के अंदर के गुरु को प्राप्त करेगा।

इंसान प्रसन्नता की दो भिन्न-भिन्न स्थितियों के बीच में अंतर करने की कला सीख लेता है: मन के हल्केपन से मिलने वाला आनन्द, जैसे छोटी-छोटी चीज़ों में आनंद लेना, जैसे बच्चों को खेलते हुए देखना या ढलते सूरज को चकित होते हुए निहारना और अहम् के वे सुख जो किसी सफलता से मिलते हैं जैसे – कोई सफलता या कोई पुरस्कार जीतना, अहम् के भिन्न-भिन्न सुख हैं। इंसान को पहले वाले सुख की महत्ता समझ आ जाती है और दूसरे के प्रति होशियार रहने की भी समझ आ जाती है, जो कि आत्म-तोष का अभ्यास-मात्र है। इंसान को यह भी समझ

आ जाता है कि असफलता से मिलने वाले अहम् के दुःख के विपरीत, बीइंग की स्थिति में प्राप्त होने वाले आनंद का कोई विलोम नहीं है।

ध्यानावस्था के आयाम की शक्ति तथा गरिमा को समझने के बाद व्यक्ति बार-बार इधर ही आता है और इस बात का भी ध्यान रखता है कि अहम् की हरकतों की वजह से यह स्थिति कहीं खो न जाए और मानसिक शोर-गुल में कहीं डूब न जाए। इंसान इसे व्यावहरिक रूप से ऐसा होते हुए देख सकता है। उदाहरण के लिए, बेकार की गपशप में लगे रहने के बाद व्यक्ति देख सकता है कि किस प्रकार उसकी शक्ति और ऊर्जा क्षीण हो जाती है। इंसान इसके प्रति सतर्क रहने और अस्तित्व की सामान्य अवस्था में बने रहकर इसके प्रति तटस्थ और अन्दर से शांत बने रहने की कला सीख जाता है।

मनुष्य यह भी सीखता है कि छोटी-छोटी चीज़ें बड़ी चीज़ों से कहीं से भी कम नहीं हैं। वह अपने सभी कार्यों में पूरा ध्यान लगाता है, चाहे वह दांत साफ़ करने के लिए ब्रश करने जैसा मामूली काम हो या कोई सर्जिकल ऑपरेशन जैसा बड़ा काम हो। बौद्ध गुरु 'सचेतन' के इस प्रवृत्ति के लिए विख्यात हैं, जैसा बौद्ध धर्म के एक ग्रन्थ की एक उक्ति से स्पष्ट है:

गुरु हर एक चीज़ में उत्कृष्टता की खोज में रहता है,
चाहे वह कुछ भी कर रहा हो
वह अपने काम और खेल में
अपने परिश्रम और विश्राम में
अपने दिमाग और शरीर में
अपनी पढ़ाई और अपने मनोरंजन में
अपने प्यार और धर्म में
कोई भेद नहीं करता।
वह जानता ही नहीं कि कौन सी चीज़ क्या है,
क्योंकि वह हमेशा दोनों ही करता रहता है!

इंसान को हमेशा 'काम' करने की आवश्यकता नहीं है। और बोधित्व को जगाने के लिए, प्रकृति के साथ संवाद करने और इस प्रकार जीवन की स्थिति की अनुभूति के लिए तथा ईश्वर के साथ के मौलिक ऐक्य का अनुभव करने के लिए उसके पास अनेक बेहतरीन अवसर हैं। उदाहरणार्थ, जब वह अपने काम पर जा रहा हो, या कतार में खड़ा इंतज़ार कर रहा हो, वह आराम से रहता है और मुस्तैदी के साथ शांतिपूर्वक खुद को सचेतन होते देख सकता है।

अहम् के निर्णय सुनाने की प्रवृत्ति से सजग इंसान शांतिपूर्वक इंसानों और उनकी गतिविधियों को देखता है। उदाहरण के लिए, वह दुकान में सेल्समेन या वेटर को देखता है और एक क्षण के लिए रूककर उन्हें इंसान की तरह देखता है। इस प्रकार के शांत अवलोकन से इंसान मौलिक समानता को महसूस कर पाता है। वह चाहे तो दूसरे व्यक्ति को भी इसका एहसास करा सकता है। कई अवसरों पर इंसान को गुस्से में प्रतिक्रिया मिलती है। वैसे क्षणों में वह तुरन्त दूसरों के दुःख को भांप सकता है और उसे दूर करने के रचनात्मक तरीके भी सोच सकता है। ऐसा व्यक्ति दूसरों के दुःख को भी समझ जाता है और दयापूर्ण तरीके से उसको दूर करने के तरीके भी ढूंढता है।

चींटियों, पक्षियों, गिलहरी, बादल, पेड़-पौधों और छोटे बच्चों और मासूमियत और गरिमा से भरी हुई, प्राकृतिक अवस्था में मौजूद चीज़ों को मनुष्य बड़े ध्यान से देखता है। वह उनके आनंद और स्नेह को आत्मसात और प्रसारित करता है। उन शांत क्षणों में इंसान प्रायः अप्रत्याशित ढंग से स्वयं के बोध में विस्तार और गहराई का अनुभव करता है। उस विस्तार में आकृतियाँ उभरती हैं और गायब हो जाती हैं, ध्वनियाँ आती हैं और उसी शांति में विलीन हो जाती हैं। परन्तु एक सशक्त एवं अचंचल स्थिरता निरंतर बनी रहती है।

मनुष्य साधारण में असाधारण की खोज कर लेता है।

कल्पित भविष्य में,
और ना ही हालिया भूत में
बल्कि यहाँ और अभी
तुम्हे शांति मिलेगी जो अनंत तक रहेगी ।

कीर्तना

लेखक के बारे में

डॉ. देवदास मेनन की स्कूली शिक्षा सेंट ज़ेवियर'स कोलकाता में और उनकी इंजीनियरिंग की पढ़ाई सिविल/स्ट्रक्चरल इंजीनियरिंग में आई आई टी – मद्रास और आई आई टी – दिल्ली में हुई। कुछ वर्षों तक उद्योग जगत में काम करने तथा एन आई टी – कालीकट में अध्यापन करने के बाद, सन 1998 से वह आई आई टी – मद्रास के सिविल इंजीनियरिंग विभाग से जुड़े हुए हैं।

पच्चीस वर्ष की आयु में, वह गहन आंतरिक परिवर्तन से गुज़रे जिसका उन पर गहरा प्रभाव पड़ा। अल्प काल के लिए उन्होंने स्वयं को भौतिक दुनिया से अलग कर लिया और कुछ हिमालयी गुरुओं के मार्ग-दर्शन में उन्होंने यह महसूस किया कि दुनिया को 'त्यागने' की कोई आवश्यकता नहीं है। उनकी सलाह पर उन्होंने उस पेशे में बने रहने का निश्चय किया जिसके लिए वे प्रशिक्षित हुए थे।

प्रो. देवदास मेनन कंक्रीट स्ट्रक्चर, रैपिड अफोर्डेबल हाउसिंग (तेजी से और किफायती घर बनाने की तकनीकी) पर अपने शोध-कार्यों तथा प्रकाशनों के लिए जाने जाते हैं। साथ ही वे रीइन्फोर्सड कंक्रीट डिजाइन, स्ट्रक्चरल एनालिसिस और एडवांस्ड स्ट्रक्चरल एनालिसिस जैसी लोकप्रिय पुस्तकों के लिए देश-विदेश में जाने जाते हैं। उन्होंने बिल्डिंग और डिजाईन के क्षेत्र में राष्ट्रीय मानक तैयार करने में महत्वपूर्ण योगदान दिया है। और वर्तमान में वह ब्यूरो ऑफ़ इंडियन स्टैंडर्ड्स स्पेशल स्ट्रक्चर समिति के अध्यक्ष हैं। स्ट्रक्चरल डिजाइन कंसलटेंट के रूप में उद्योग जगत में उनका एक बड़ा नाम है।

सिविल इंजीनियरिंग क्षेत्र में अध्यापन, शोध एवं विकास में योगदान के अतिरिक्त प्रो. देवदास मेनन की विशेष रूचि समग्र शिक्षा में रही है। उन्होंने छात्रों, शिक्षकों एवं कॉर्पोरेट समूहों के लिए आत्म-प्रबोधन एवं अन्तः- सुधार के माध्यम से जीवन का अर्थ समझने एवं संतुष्टि हासिल करने के ऊपर कई कार्यशालाएं आयोजित की हैं। इस विषय पर दिए गए उनके व्याख्यान (जो यू ट्यूब पर उपलब्ध हैं) अत्यधिक लोकप्रिय हुए हैं और उनकी कार्यशालाओं ने छात्रों के उनकी शिक्षा तथा उनके करियर, उनकी आजीविका के प्रति नज़रिए को बदला है। प्रो. मेनन ने सेल्फ अवेयरनेस और इंटीग्रल कर्मयोग नामक दो अनोखे कोर्स शुरू किये हैं जो आई आई टी मद्रास के विभिन्न पाठ्क्रमों के छात्रों के मध्य काफ़ी लोकप्रिय हैं। आई आई टी – मद्रास में उनके व्यापक योगदान को देखते हुए, आई आई टी अलुमनाई एसोसिएशन ने सन 2013 में उन्हें डिसटिंग्विश्ड सर्विस अवार्ड से नवाजा और सन 2014 में आई आई टी – मद्रास ने उन्हें सर्वश्रेष्ठ शिक्षक के रूप में सम्मानित किया। सन 2014 में ही उन्हें इंडियन कंक्रीट इंस्टिट्यूट, चेन्नई की ओर से 'आउटस्टैंडिंग कंक्रीट इंजिनियर' के रूप में पुरस्कृत किया गया।

अधिक जानकारी के लिए विजिट कीजियेः www.devdasmenon.com

For further details, contact:
Yogi Impressions Books Pvt. Ltd.
1711, Centre 1, World Trade Centre,
Cuffe Parade, Mumbai 400 005, India.

Fill in the Mailing List form on our website
and receive, via email, information on
books, authors, events and more.
Visit: www.yogiimpressions.com

Telephone: (022) 61541500, 61541541
Fax: (022) 61541542
E-mail: yogi@yogiimpressions.com

Join us on Facebook:
www.facebook.com/yogiimpressions

The Sacred India Tarot

Inspired by Indian Mythology and Epics

78 cards + 4 bonus cards + 350 page handbook

The Sacred India Tarot is truly an offering from India to the world. It is the first and only Tarot deck that works solely within the parameters of sacred Indian mythology – almost the world's only living mythology today.

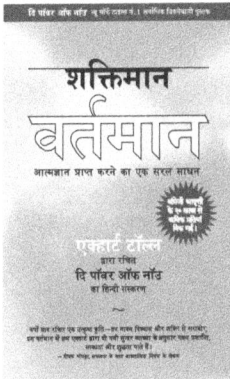

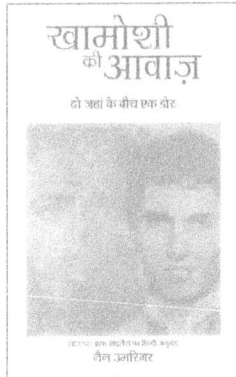

When meditation was first conceived thousands of years ago, its techniques were suited for a simple, very different way of life. Today, we live in a chaotic, high-stress environment where time, calm and clarity can be elusive.

The Synchronicity Experience: quite simply, it meditates you
Its proprietary Holodynamic® Vibrational Entrainment Technology (HVET) developed by its Founder, Master Charles Cannon, is embedded in musical meditation soundtracks that literally meditate you while you listen.

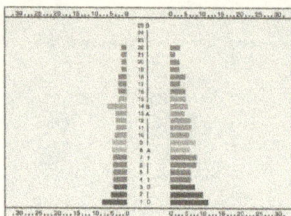

Brain monitor of a typical non-meditator shows pronounced hemispheric imbalance and fragmented, limited brain function.

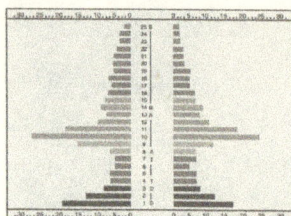

A regular user of Synchronicity Contemporary High-Tech Meditation® develops a high degree of synchronization indicating whole brain function.

Taking the guesswork and randomness out of the meditative process, the meditation soundtracks are available in the Alpha and Theta formats for light and medium meditation. Whether you are an experienced meditator or just starting to meditate, our CDs will help deliver a four-fold increase in results compared to traditional methods.

Om

Om Namah Shivaya

Harmonic Coherence

Welcome To My World

Om Mani Padme Hum

Sounds Of Source
Vol. 1-5

Time Off

Song Of The Ecstatic

Romancing The
Moment
The Love Meditation

Blessed Mother
A Thousand Names

Hear the Audio Clips on our website: www.yogiimpressions.com

www.ingramcontent.com/pod-product-compliance
Lightning Source LLC
Chambersburg PA
CBHW030156070426
42447CB00031B/623
* 9 7 8 9 3 8 2 7 4 2 2 3 4 *